U0922908

优化你的
2小时

基于神经科学和能量流的时间管理方法

[美] 唐娜·麦吉奥 著
（Donna McGeorge）
张萌 译

電子工業出版社
Publishing House of Electronics Industry
北京·BEIJING

版权贸易合同登记号　图字：01-2020-0955

图书在版编目（CIP）数据

优化你的 2 小时：基于神经科学和能量流的时间管理方法 /（美）唐娜·麦吉奥（Donna McGeorge）著；张萌译．—北京：电子工业出版社，2020.7
书名原文：The First 2 Hours: Make Better Use of Your Most Valuable Time
ISBN 978-7-121-38990-0

Ⅰ．①优… Ⅱ．①唐… ②张… Ⅲ．①时间－管理－通俗读物 Ⅳ．① C935-49

中国版本图书馆 CIP 数据核字 (2020) 第 075873 号

责任编辑：刘淑丽
印　　刷：北京七彩京通数码快印有限公司
装　　订：北京七彩京通数码快印有限公司
出版发行：电子工业出版社
　　　　　北京市海淀区万寿路173信箱　　邮编100036
开　　本：880×1230　1/32　印张：5.375　字数：94千字
版　　次：2020年7月第1版
印　　次：2024年10月第10次印刷
定　　价：49.90元

凡所购买电子工业出版社图书有缺损问题，请向购买书店调换。若书店售缺，请与本社发行部联系，联系及邮购电话：（010）88254888，88258888。
质量投诉请发邮件至zlts@phei.com.cn，盗版侵权举报请发邮件至dbqq@phei.com.cn。
本书咨询联系方式：（010）88254199，sjb@phei.com.cn。

名家推荐

本书简单易读，又能让你成效非凡。其中有很多实用的观点和建议，可以帮你充分利用每一天。

——加布里埃尔·多兰，全球商业故事专家，《工作轶事》（*Stories for Work*）和《真实交际》（*Real Communication*）的作者

我非常喜欢唐娜的写作风格，非常实际，又能给人灵感，本书完全符合我的期待。如果你想升级生活方式，不妨阅读此书。错过本书，你可能会与一次全新的生活方式擦肩而过。

——乔治亚·默奇，作家和主旨发言人

我见过不少这样的上班族：一大早打开电脑，盯着屏幕，面对亟待完成的工作不知所措。如何能改变这种尴尬的局面呢？唐娜的这本书给我们提供了很多实用的方法。如何更有效地利用时间？唐娜没有关注要“做什么”，而是强调关注“什么时候去做”，将重要的事放在一天的开始。唐娜的方法非常实用，帮我们摆脱“忙碌疲倦”的泥沼。与她的上本书《25分钟会议》（*The 25 Minute Meeting*）相比，本书更像改变了游戏规则。

——特蕾西·艾扎德，职业经理人，学习文化方面的专家，演讲家，催化师，《胶水》（*Glue*）和《蜂巢》（*The Buzz*）的作者

很多方法都可以让我们每天都很高效，而不再整天忙个不停，通过加班才能处理完工作。唐娜的书告诉我们：只需少许调整，我们就可以充分挖掘自身能量，更有效、愉悦地开展工作。先前是《25分钟会议》，这次是本书，唐娜先后用两本书教我们如何设定时间基准、提高工作效率。如果你想找一个有据可依的实用指南指导你安排日程、重新掌控生活，那你必须阅读本书。

——马雷·伯吉斯，培训师，执行教练，催化师，“XX项目”（*The XX Project*）和“联系我们”（*Connecting Us*）专栏的作者

市面上有很多关于最佳状态、最佳行动、更多睡眠和多任务处理等问题的书籍。本书汇集了相关前沿思想，向我们解释了一天中最重要的时刻需要做些什么。书中不乏实际可行的任务和活动、自评方法，以及一些提示和建议。任何团队和领导都可以采用这些建议，促进个人成长和职业发展。当下的我们不该只顾着提高工作效率，更应融合科学、经验、研究和数据中提到的所有有利因素，帮我们真正做到最好。啊哈，这样感觉更好了。

——琳娜·卡扎利，演讲者，作家，催化师

推荐序：我眼中的张萌

我与张萌老师相识六年，最初认识她是在2014年6月，我受邀参加了张萌老师团队在北京师范大学举行的创业营活动，和青年人分享了我二十余年创业过程中的一些心得和体会。

那时的张萌刚开始自己的创业生涯不久，短短几年时间，我们可以看到她已经成为一位卓越的青年创业领袖。在她身上，有许多我非常欣赏的创业者特质：

- “原力”觉醒。这表现在她对自己的事业有极强的使命感。原力是促进自身价值实现，并追求超越自我、利他精神的源泉。张萌一直持续寻找各种途径和方法为青年人提供更多、更好的创业机会和平台，这就是她“利他”之心最好的体现。
- “执战力”。执战力是个体及团队在资源有限的情况下，搭起目标和结果之间桥梁的能力。张萌可以说是“执战力”的典范！她对自己的时间管理、效率管理非常严苛，但在目标的驱动下，都可以很好地优化、调整自己，以达成好的交付成果。

我对张萌最深的印象是：她特别善于观察时代趋势，善于在实践中总结经验。张萌能够在创业路途上取得巨大的成就，帮助许多青年人找到自己的理想和人生价值，源于她对个人使命的执着坚持。同时，她一直在不停地探索、实践自己在这个时代背景下获得的新知，在应用实践过程中持续优化改善并形成自己新的方法论和套路，最终实施在具体创业路径上。

对于一位杰出的青年创业领袖，所有目标的达成，一定离不开她很强的学习能力、总结能力、计划能力，以及对计划的实践能力。对于时间管理，尤其如此。

这本《优化你的2小时》是作者对自己时间管理成功经验很好的总结、梳理与整合，也与张萌的理念不谋而合。

本书将工作日的8小时分为四个模块去管理。不同时间段的2小时，人的精神状态不同，处理工作的效率也不同。作者根据各项科学研究，提出了每个2小时高效工作的建议，相信会对大家有借鉴作用！

大家可以了解到如何在追求目标过程中合理安排好时间，把行动落地，体现自己的“执战力”；如何把握关键时间做关键事件；如何做好时间规划。这一套方法和体系对实现目标、达成交付成果、提升效率效果非常重要。

希望更多的青年伙伴，可以通过阅读本书改变自己，摸索出自己的时间管理方法，开启崭新的高效人生！

合兴集团控股有限公司行政总裁
洪明基

前言

闹钟响了，你从床上跳下来，走到盥洗室，往脸上拍了些水，盯着衣柜，想着要穿什么衣服去上班。等等——没工夫想那些，你要错过班车了！

接下来的一小时，你晕晕乎乎地到了停车场，送孩子上学，最后终于坐上了通勤车。你打开笔记本电脑，惊讶地看到100多封新邮件早已涌进你的邮箱。

接下来的30分钟，你删掉了27个简讯，拒绝了11个会议邀请，挑选出两封邮件做细致回复。现在才早上8点半，你的脑子却像炸了一样。

还没到办公室，你就早已筋疲力尽，还得去开早间第一次例会，但其实你已经迟到10分钟了。

遗憾的是，这样的场景随处可见。

我们第一步就走错了。我们满是压力地冲进办公室，打开电脑，手忙脚乱地招待那些不速之客，却无暇顾及当天最重要的任务。

如果我们一大早就开始回复邮件或会见客户，陷入这种反应机制的我们怎么能完成当天的工作呢？

你已陷入一个恶性循环：刚上班就打不起精神，一直忙到下午，甚至要加班到很晚，满身疲倦地回到家，第二天还要继续这种循环。

为解决这个问题，你也许学过不少时间管理课程，读过许多有关提高工作效率的书籍。但你的工作量越来越大，那些方法好像都没什么用。

其实，问题在于传统的时间管理理论已经不能满足现代社会的工作需求。

传统理论过多关注了工作内容。依照传统理论，我们要列出所有任务，根据紧迫性和重要性确定优先顺序。但如果你所有的工作都紧急且重要呢？

我们需要更少关注工作内容，更多关注工作时间。

查尔斯·杜希格在他的《习惯的力量》一书中解释说，我们刚睡醒时做的一些事情会影响我们全天的身心状态。同样，这条原则也适用于我们的工作场景：第一个2小时做的事会影响全天的工作状态。

我们刚到办公室就开始做事，但有很多事会拖住我们、降低我们当天的工作效率，如查看邮箱、整理桌面、回复“紧急”请求、讨论周末的足球比赛或最新播出的我们最喜欢的真人秀。这些东西确实要当天完成，但刚上班就开始做这些，时间上合适吗？这是本书重点关注的问题。

但如果我告诉你，优先处理某些工作任务有助于你提高当天的工作效率，你会怎么看？

你也许会因为担心没有空手去拿上班路上的那杯咖啡，就想把这本书扔掉。那你可千万别扔。我得先提醒你一下，我们的头脑和身体有着先天的循环周期和规律，能够影响我们某些时段的工作效率。

读过此书，你将发现，不只第一个2小时，你下班回家之前总有合适的时间去处理回复邮件、召开会议或制订接下来的工作计划等工作。

因而我们可以看到，虽然第一个2小时很重要，但工作不止于此。

幸运的是，第一个2小时有流动效应。如果你了解自己何时最机敏、何时需要休息，将必须完成的任务与工作时间相匹配，你将会更高产。这样做有助于你摆脱原有的恶性循环，恢复对当天时间的控制，在恰当的时间做恰当的事。

读完此书，你将学会如何利用你的自然节奏提高工作效率。即便你认为自己是“夜猫子”，也请你别与你的自然节奏背道而驰。

只需略微改变你在特定时间内的工作习惯，你就可以更高效、更有影响力、更健康和愉悦！

“不是要工作得更努力，而是要工作得更明智。”这句古谚语在此处非常奏效。你将学会如何选择需要做的事情，如何决定做事的最佳时机。

是时候换种工作方式，迎接成功了！

你准备好了吗？

个人工作效率检测

在开始测试之前，了解你现在的工作习惯至关重要！

这个测试源于I Done This的博客，我获得了在本书中引用的许可。

请仔细阅读问题，选出最符合自身实际情况的一项。要诚实哦！

1. 在工作日的第一个2小时，你通常在做什么？

A. 喝咖啡。喝完咖啡以前，我不会着手处理任何事情

B. 查看邮箱并一一回复，直到我意识到会议已经开始

C. 查看邮箱，回复大部分邮件；然后列出待办事项清单，给自己施加一定的工作压力

D. 查看邮箱，回复其中几封邮件；然后着手处理一天中最耗费精力、脑力的任务

E. 大致浏览邮件，规划答复紧急事件和综合事务的合适时间，查看日程安排，“以终为始”计划一天的工作

2. 如果上司分配给你一个额外的紧急项目，你会怎么做？

A. 很慌张！要是团队成员不配合，完全不是我的问题

B. 没问题。如果上司让我做，那就做吧

C. 很有动力。我喜欢在截止日期前赶工

D. 虽然很惊讶，但我已经准备好了。我喜欢被需要的感觉

E. 着手准备。有些工作需要移交他人或重新安排时间处理，我一般能够掌控自己的时间，所以接手“最后一刻”的紧急任务完全没问题

3. 周一早上，你的上司交给你许多任务，截止日期为本周末。你的想法是什么？

A. 这是认真的吗？！如果这样，我根本无法掌控自己的工作节奏

B. 停下手头的一切工作，马上去处理这些新任务

C. 把这些任务加入自己已有的工作安排

D. 当然没问题，我会检查一下需要做什么，并安排时间妥善处理

E. 完全没问题，重要任务我都已经安排好了，我会和上司确认进度，根据自己的时间安排优先处理这些任务

4. 你最喜欢工作日的哪个时间段？

A. 回家吃晚饭的时候

B. 并没有真正喜欢的时间段，如果一定要说

的话，应该是休息时间

C. 快下班的时候，那时我会有时间压力，从而能够快速完成大部分工作

D. 午饭之后，我会感觉心情豁然开朗

E. 清晨，那时我已经做好了一天的规划，能够掌控自己这一天的时间

5. 周三早上，你被胃痛闹醒了，除了生理病痛，你还会有什么感受？

A. 事出有因吧。都是过度劳累惹的祸

B. 我病了，需要在家养病。不过，不用上班还是很不错的

C. 有点紧张和沮丧。我不能完成自己的任务安排了

D. 有点担心。我的任务都累积在了接下来的两天！不过我想，经过赶工还是能够完成的

E. 生病的日子有点小闹心，但也是有必要的。我可能会因此落后一点儿，但是没关系——我一向能掌控局面

6. 周一，你要去参加公司组织的“团建活动”，一整天不需要工作，你会觉得怎么样？

A. 啊！这会干扰我做“实际”工作
B. 暗自兴奋。我已经准备好参加各种游戏了
C. 焦虑。这听上去虽然不错，但会浪费整整一天的工作时间，这真的没问题吗
D. “团建活动”对我可有可无，但如果它能够对团队有帮助的话，我没有问题
E. 期待。从工作中抽出点儿时间，增进团队成员之间的关系，树立一致的价值观，这很有必要

7. 在公司会议上，你会怎么做？

A. 神游天外。大多数的会议都是在浪费时间
B. 一边查看邮箱，一边尝试专注于会议内容
C. 认真做记录，会议结束后给参会人员发一份会议详情，以使其明确责任分工
D. 记录相关信息，并在必要时参与讨论
E. 保持专注，如果会议内容对我足够重要，我会了解到如何安排工作，并获得价值

8. 你一般什么时候喝咖啡？

A. 工作日的任何时段都可以喝咖啡

B. 需要提高注意力的时候

C. 一般每天两次，上、下午各一次

D. 每天早上一次，偶尔会在忙碌的下午也喝一杯

E. 喝咖啡对我来说是一种享受，我会用它来激励自己，为自己增添动力

9. 你和同事要准备会见客户，你会怎么做？

A. 让同事负责安排，时间上与你的其他事有冲突也无所谓，到时候再确定自己参加哪个

B. 让同事安排，如果与自己已有安排冲突再着手协调

C. 让同事发送会面邀请，等到会面当天再做仓促准备

D. 确定好由谁发送会面邀请，做好相应准备；与同事定期同步工作安排，以统一步调

E. 以邮件的形式发送会面邀请，附上详细的日程安排，并根据日程安排提前做好相应准备

10. 作为一名员工，你会如何形容自己？

A. 我一向按要求做事，即便很多要求并不合理

B. 我经常需要加班到深夜才能完成任务

C. 我的工作通常完成得不错，但有时需要额外的精力来掌控它

D. 我能很好地掌控自己的工作，但工作越多，我会觉得越吃力

E. 我能高效完成手上的工作，并做好有条理的记录

现在请算一下，看看哪个字母你选得最多，以此判断你在“从否认到设计的行为框架”（见图A）上的位置。

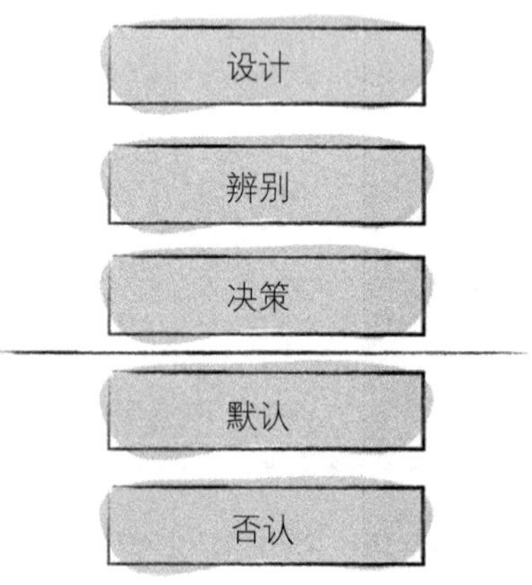

图A　从否认到设计的行为框架

大多选A=否认

“这不能说明我的工作效率。一切要归咎于我的工作量、老板或同事。我的时间不够用，工作根本做不完。”

有趣的是，每个人都有同样多的时间，但总有人做得更好。时间就像金钱。有的人工资相对较低，却仍能拥有财富，有房地产投资。有的人薪酬相对丰厚，却没什么积蓄，感觉很无助。

大多选B=默认

“我会受到他人的影响，同时也受制于日程表和工作量。我的工作任务的优先顺序取决于这些任务的截止日期和他人的要求程度。”

你做事没有主见，甚至没有方向。你没有把自己的任务当回事，而是受别人和别人的重要事项牵制。你没有将自己的日程表视为资源，只遵循约定的安排做事。你可能会不假思索就开始做事，经常会有一种被压垮了的感觉。你每天都很忙，但效率不高。

大多选C=决策

“一定有更好的方法。我需要听时间管理课程！”

你意识到可以有不同的、更好的方法来工作，但还没有搞清楚是什么。你尝试着各种时间管理或提高工作效率的课程，但那些课程似乎都不到位。因为你很难打破旧习惯、养成新习惯。这个水平上的我们经常会感到疲倦。

大多选D=辨别

“我真的必须在那儿，必须那样做吗？”

你会接受他人的会议邀请，但你也会产生疑问：“真的需要我在那里吗？”“这真是我该做的吗？”你有自己的想法，会实施自己的想法，看到思考的结果，更系统地工作。例如，你会更系统地整理邮箱、日程安排和其他任务，感受到其中的好处，并感觉充满希望。

大多选E=设计

“我知道我自己该做什么、什么时候做、该怎么做。我既能应付得了别人的请求，也能有效掌控自己的工作。”

你是你所在领域的主人！你把日程表当作工作资源，并相应地分配时间。你自己选择你做什么、什么时候做，你能够掌控自己的时间。

你会设计和把控自己的生活，清楚哪些事项该优先处理，也能合理选择和安排你应该参加的会议、活动和该见的人。大多数情况下，你很冷静、理智，能把控自己的生活。

§ § §

除非你每个问题都选E，否则你需要立即行动，改进工作方式，合理设置工作优先级别，计划工作和日程安排。

让我们帮你做出改变，就是现在。

关于本书

本书秉承实用、易读、可操作的理念，仿照研讨会、企业项目和实践课程的处理方式，帮你改变工作方式。

本书不是大部头的著作，设计得没有那么厚重，不难随身携带，也不是放在床头柜上擦咖啡杯的那种材质。

相反，它有简洁提示，有真实故事，有许多严肃的建议，能帮你反思工作状态，提出相应建议，并为你推荐一些改进习惯的练习。

这本书中的做法简单易行，我十分推荐。从小处着手，逐步运转。请参照本书，选中你觉得颇有感触的1~2个做法，立即采取行动。（如果你了解到那些做法究竟多么简单易行，你可能就会感谢我了。）

本书第1部分谈到你需要依照自然和生理节奏开展工作，这样做的重要性以及这样做的真正效用。这其中的一些看法可能会让你一改以往的思维模式。

本书第2部分谈论你应该做什么，什么时候去做。这不只关系到充分利用你最宝贵的时间，还涉及如何充分利用你的所有时间。这正是本书的核心。书中介绍了大量工具和技巧，可以帮你提高工作效率。

你可登录www.thefirst2hours.com.au或www.facebook.com/thefirst2hours，查阅我们的故事、我们的理念和更多可用的工具，与我和其他本书的践行者进行交流，帮助你和你的团队保持高效工作，忙到点子上。

你将发现，这本书文风很幽默。因为工作本应是愉快的，工作不是苦差事。读书应该是一种乐趣，而并非一种痛苦！

所以请阅读本书，尝试更高效的工作方法，并享受其中的乐趣！

目 录

第1部分
为什么是最初的2小时

第1章　发现影响你的能力（以及你的一天）的因素　004

为什么要谈论“什么时候”　006

我无法决定　008

合理安排时间　011

早起的鸟儿还是夜猫子　013

最后2分钟　015

第2章　为效率打基础　023

工作的影响因素　025

最后2分钟　036

第3章　设计最好的一天　042

把时间当作财富　044

多任务处理　046

工作强度与工作影响力　048

哪个任务，什么时候做　051

最后2分钟　053

第2部分
如何充分利用每个2小时

第4章　第一个2小时——主动　062

做出明智的选择　064

第一个2小时的任务　065

学会利用邮箱　069

记住：“主动”，而非“回应”　071

最后2分钟　073

第5章　第二个2小时——反应　079

满足他人的需求　081

自行计划　083

你应该怎么做　084

见或不见　088

最后2分钟　090

第6章　第三个2小时——能动　097

利用好，不要失去它　099

没错，先等等　100

重复　105

你是不是该在午睡前喝点咖啡　109

最后2分钟　111

第7章　第四个2小时——预应　118

第二阵旋风　120

接受现状，继续推进　121

你的电影你做主　124

整理零散的工作　126

都忘了吧，好好睡一觉　131

如何安排周五　133

最后2分钟　134

后记　设置你的2小时时钟　140

关于作者　143

致　谢　145

第1部分

为什么是最初的2小时

我们的效率问题大多源于我们常常按照原有习惯行事。我们没有想过应该做什么、什么时候做、为什么要这样做。我们只是按照任务原有的顺序或它们写在待办事项清单上的顺序去逐一完成这些任务。

就像电脑的默认设置一样，我们的大脑也有一些固有的程序：饿了就想吃饭，怕事了就想逃跑。也正是这些设置让我们能够依照本能存活于世。

但我们的很多习惯并非与生俱来，而是随着日积月累的学习、重复和奖励机制发展而来的。例如，早上我会检查邮箱，到了下午我会召开部门工作会议，这些习惯都是逐步养成的。

这些程序一旦形成，就像结实的绳子缠在身上，很难改变。改变习惯需要我们改变认知、增强自律、加强练习。会很难，但你能做到！

更重要的是，你有充分的理由去改变自己的习惯！

某些时候你可能会按习惯做事，但这对你自己也是一种伤害。

如果你了解自己如何运转，你就会知道何时才是自己大脑运转的最佳时段，便可以把自己的任务分类、放在不同的

时间段去处理，以充分利用自己最高产的时间段，高效地完成任务。

你可以从一天中最初的2小时开始，以2小时为一个单位，合理安排自己完成任务的时间。

请继续阅读，看看为什么总有更好的和最好的时间来做特定的工作，以及你该如何重新设置自己的习惯以充分利用这一规律。

第 1 章

发现影响你的能力（以及你的一天）的因素

你现在如何度过刚上班时最初的2小时?

请仔细思考一下这个问题。

我敢打赌，我们大多数人做的第一件事就是打开邮箱，看看会弹出什么消息。接下来的时间里，你一直在回复邮件或答复各种请求，直到你意识到已经下午1点了。

插播一句！当前的你，正在让邮件支配着你一天的时间。

你的精力和你最高产的时间段都没有用来处理你必须做的实际工作，却浪费在了邮件上！

你阅读和回复的那些邮件会让你分心，让你接下来的时间都没有了效率。不管你是否意识到了这一点，你都已然放弃了对自己工作效率的有效控制。

别担心，这本书并没有抵制邮件。毕竟这是我们大多数上班族的重要交流工具。我所探讨的是，任何事都应该放在恰当的时间、恰当的地点去处理。

从现在起，你需要有意识地思考你一天当中完成了哪些任务，你在什么时间处理了这些任务，以及你是否充分利用了最宝贵的时间。

为什么要谈论“什么时候”

我们有充分的理由去探讨我们在“什么时候”处理了特定的工作。

我们可以用时差来解释这一问题。

我们跨过不同时区时，我们身体的自然节奏就会被打乱。我们称为生理节奏。

这就会让我们感到疲惫，甚至迷失方向，甚至让我们失眠到凌晨3点。那些不遵循正常的995工作制的轮班工人也会经常有这样的疲惫感。

如果我们身体的自然节奏被打乱，我们就会出现许多问题。

这就是为什么我们要在身体和大脑都最清醒、最敏锐并准备好工作时处理最重要的工作任务。

对我们大多数人来说，最高产的时间段应该是早上刚上班的时候。到了下午，我们的身体和大脑更适合处理一些日常任务。

这一规律可以通过图1-1得到最好的解释。这张图介绍了迈克尔·斯莫伦斯基和琳恩·兰伯在《发现你的健

康密码：生理时钟养生》（*The Body Clock Guide to Better Health*）这本书中所公布的典型的生理节奏。

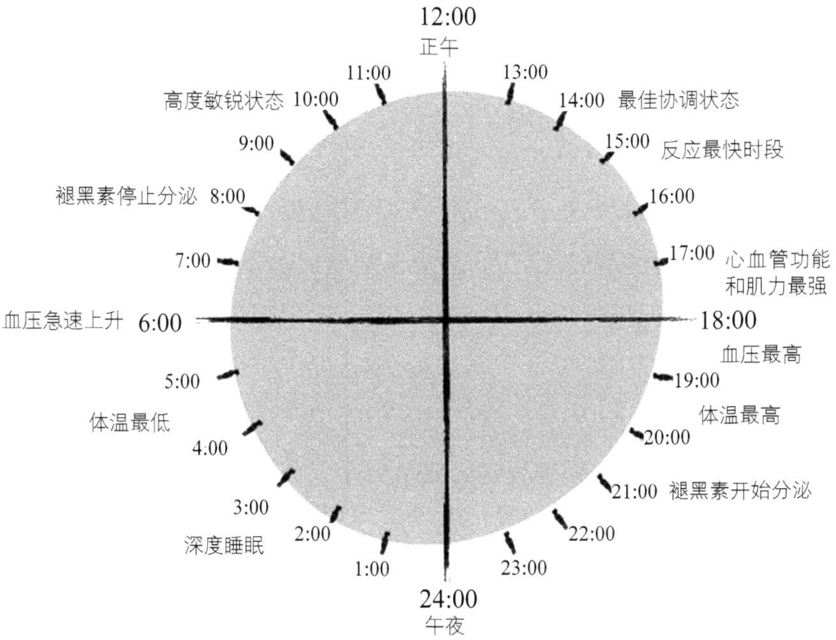

12:00 正午
13:00
14:00 最佳协调状态
15:00 反应最快时段
16:00
17:00 心血管功能和肌力最强
18:00 血压最高
19:00
20:00 体温最高
21:00 褪黑素开始分泌
22:00
23:00
24:00 午夜
1:00
2:00 深度睡眠
3:00
4:00 体温最低
5:00
6:00 血压急速上升
7:00
8:00 褪黑素停止分泌
9:00
10:00 高度敏锐状态
11:00

图 1-1　典型的生物钟

从图1-1中可以看到，大多数人最敏锐的时间段是在上午10点左右，最好的调适时间是在下午2点半左右。

需要注意力和专注力的任务最好放在早上处理，需要协调的重复性任务最好在下午完成。

再次，让我们暂停一下，想想你当前一个典型的工作日是怎样安排的。

你是怎么分配时间和任务的呢?

如果和大多数人一样，你会每天不停地处理危机、开一些毫无意义的会议，还要利用会议间隙尽可能多地回复邮件。等晚上回到家，你的身体需要放缓节奏和休息，而你却要喝咖啡让自己保持清醒，才能完成手上的工作、准备好第二天的PPT，赶上同事的进度。

你显然陷入了恶性循环，这对你弊大于利。

这就像倒时差一样，如果你持续打乱生物钟，你也会打乱睡眠习惯。那么，我们就很难停下工作好好休息。

我们需要更多地关注生物钟，而不是墙上的时钟。

我无法决定

你是否注意到，随着时间的推移，你对会议和讨论中的内容愈发没有耐心，状态也愈发不稳定?

看一下图1-1中的生物钟，你就会明白其中的原因。

假设公司要求你在A和B两者之间做选择。一旦你做出错误决定，公司可能会损失几百万美元。如果你是在下午3点做决定，你可能会说："就选方案A，继续推进。"

你本应该自己做决策。但因为你等到下午才去做一些重要的决策，那时你已经因为一整天的工作而开始感觉到疲倦了，认知灵敏度也遭到破坏，很有可能只是在依照被动反应做事。

我的朋友索尼娅说，作为一位职场妈妈，很多时候会感到很崩溃。例如，工作累了一天回到家，第一句话就要问："今天晚上吃什么？"因为一整天都在处理复杂问题、处理几百万美元的交易，她已经没有精力去了解家人想吃什么了。

重要的电话、重要的讨论和重要的工作都应该放在早上去处理。在你经历"随便什么都行"综合征（即决策疲劳）之前就应该处理好这些事。

请先暂停一分钟，好好想想这个问题。对大多数人来说，我们的工作都需要我们做好决策。这也是我们被聘为领导者的首要原因。我们需要用渊博的知识、经验和能力在专业领域做出理性的抉择。

如果你没有做好决策，你的职业生涯也将岌岌可危。

决策疲劳会影响你的立场，也会让你失去作为经理或领导所应有的价值！

康奈尔大学的一项研究表明，单单是关于吃东西的问题，我们每天都要做出大约200项决定！这样的话，还没等我们决定是否要批准150万美元的预算，我们就已经筋疲力尽了！

每次我们打开邮箱、阅读和处理邮件时，也要做出许多决策。如果发现是垃圾邮件，我们就会决定删除该邮件。这种决策意义不大，却仍会消耗精力，影响我们接下来要做的需要更多深思熟虑的决定。

试想一下：如果我们一天只能做出100项决策，那么我们每天早上会在邮件中浪费多少决策？

如果精神能量被耗尽，大脑就会找捷径。这会导致我们做出许多鲁莽的决定，甚至会逃避做决定。

这就解释了为什么我们许多人会发脾气、冲动购物、买垃圾食品或做一些让你后来想起来会觉得很吃惊的事情。你可能会问自己：“我为什么会这样呢？”

我们的自我控制系统遭到损害，而对我们来讲，做得太多等同于什么都没做好。甚至我们可能会停止思考，听天由命。

在工作中，这两种状态都非常不好。我们不希望领导或管理者缺乏自我控制，做出鲁莽或考虑不周的决定，我们更不希望有人坐以待毙、听天由命！

正因如此，巴拉克·奥巴马在担任美国总统期间只穿蓝色或灰色西装，因为这样做，他能够为世界上最紧迫和最重要的决策节省能量。

合理安排时间

研究表明，我们的身体有自然节律，但我们往往不会顺势而为，反而背道而驰。

最近的研究表明：时间就是一切！

- 2016 年，在一项题为《从电话会议视角分析行政主管和分析师行为的日间变化》的研究中，研究人员调查了首席执行官们与分析师和股东开会时的状态。研究人员发现，这些首席执行官们早上的状态更为积极乐观。但随着时间的推移，他们的语调会变得愈发消极。一个机构的价值很大程度上是由利益双方的对话方式决定的。这使这项研究发现更加令人震惊。

- 2011 年，在一项题为《全球社交网络中幸福感和信息量变化的时间模式——以 Hedonometrics 和 Twitter 为例》的研究报告中，研究人员对 Twitter 用户进行了为期 2 年的调查。研究发现，Twitter 用户在早上会更积极活跃，言语中也会充满希望。但到了中午，用户的情绪大不相同。而在傍晚时分，用户会重新活跃起来。其他因素，如用户的文化背景、具体是星期几等，都对这一调查结果没有影响。
- 发表在《情感》（*Emotion*）期刊上的另一项研究也有类似结果。研究者要求 900 多名女性在形容词列表中选出合适的词（快乐、沮丧、懊恼、享受等）来描述她们在一天中的某些时刻的情绪状态。结果几乎与前面有关 Twitter 的研究结果如出一辙：人们明显感觉早上更快乐。

结果出来了！

一天之中最初的几小时，也就是正午之前的几小时，我们会更快乐、更敏锐、更乐观、更有思想，也更有活力。我们需要好好设计我们的一天来充分利用这段时间！

早起的鸟儿还是夜猫子

我的朋友丽贝卡是一个“早起的鸟儿”。她每天凌晨4点起床，吃完早餐、喝杯咖啡，大约4点30分就开始工作，早上7点之前就完成了最重要的工作。大约晚上9点，她就能躺在床上安顿下来。但她说她无法想象她可以有什么其他的工作方式。

我的另一位伙伴，莎伦，通常在晚上9点到凌晨1点之间效率最高。她一般在凌晨2点左右睡觉，早上8点左右就要起床。直到大约晚上9点，她都感到自己工作效率很低。她每天早上都要喝很多咖啡才能保持清醒，直到下午1点都找不到自己的最佳状态。

我出于对身边人的好奇，在Facebook上提出了这样的问题：

> 你习惯早起，还是喜欢熬夜？
> 一天之中，你什么时候感觉最好、最有效率？

我一共收到了76个回复。其中，67%的人表示自己喜欢早上工作，33%的人喜欢熬夜工作。

平均来看，一天中最富有成效的时间是上午9点，大多数人在早上5点到中午之间有2~3小时的高产时段。

这个结果与大多数研究结果一致。那些研究大多采用了詹姆·A.霍恩和奥洛夫·奥斯伯格在1976年开发的早晚调查问卷。这个问卷的主要设计意图就是测量一个人的最佳状态出现在什么时段——早上、晚上，还是中间某段时间？

显然，这个问题没有“非此即彼”的答案，这是一个频谱的问题。有些人是典型的夜猫子，有些人是典型的早起的鸟儿（或“百灵鸟”）。

虽然各项研究结果不同，但通常情况下遵循如下的比例。

- 10%~21% 的人是典型的夜猫子：工作到很晚，甚至直到凌晨，只有极短的睡眠时间。

- 20% 左右的人是典型的早起的鸟儿：在我们许多人按下贪睡按钮之前，他们就开始起床，以敏锐的状态投入工作。
- 70% 左右的人是“正常人”：他们在上午 9 点到中午 12 点之间状态最为敏锐。

从统计学上来讲，真正的夜猫子极其少见。

你也可能是在“两头点蜡烛”，一大早就感觉很累，或者晚上要工作到很晚，强迫你早上睡到很晚。但更糟糕的是，这会打乱你的生物钟，晚上睡不着还要看手机。

如此看来，如果你非要在晚上才能把工作做得最好，那么你有必要好好想一想，你真的是一个夜猫子，还是你的日程安排或生活方式让你成了一个夜猫子。

最后 2 分钟

我们在早上状态更好，更加警觉、愉悦，也更加精力充沛，而在这一天要结束时我们会产生决策疲劳。因此，我们需要考虑我们“什么时候”做事，而非“在做什么事”，好好想想我们的工作时间表。

了解你的昼夜节律意味着你可以以最佳的身心状态投

入工作，而不是与自己的身心状态背道而驰。这就是试验一能帮到你的地方。

即时贴士

不要与自然规律抗争。利用你的生物钟，而不是与之背道而驰。

适合一切的时间

以色列假释裁决委员会曾经进行过一次真实的试验：把三名完成了约三分之二刑期的囚犯送到假释委员会。委员会中有一名法官、一名犯罪学家和一位社会工作者。

请阅读如下事例，猜出哪名囚犯最有可能重获自由，并给出原因。

案件一（假释委员会上午8时50分获得信息）：阿拉伯以色列人，因欺诈罪被判处30个月有期徒刑。

案件二（假释委员会下午3时10分获得信息）：以色列犹太人，因袭击罪被判处16个月有期徒刑。

案件三（假释委员会下午4点25分获得信息）：阿拉伯以色列人，因欺诈罪被判处30个月有期徒刑。

如果你认为案件一中的囚犯可以成功获得自由，那就对了。尽管这名囚犯与案件三中的囚犯因同样的罪名被判处了同样的刑期，但他的信息是在早上被获得的，这就增加了假释委员会做出有利于他的决定的可能性。

该研究分析了1 000多项决策，结果发现，早上出现的囚犯被假释的可能性有70%，而晚些时候出现的囚犯被假释的概率不到10%。

这项著名的研究得出的结论是：罪行、刑期和种族背景对假释委员会的决定几乎没有影响。影响最大的是听证会举行的时间。

试验一

丹尼尔·平克在《时间管理：完美时机的隐秘模式》（*When*）一书中提出这样的建议：确定自然工作倾向或工作时间表最简单的方法，就是回答以下三个简单的问题。

1．你一般晚上几点睡觉？

2．你一般早上几点起床？

3．这两个时间的中点是几点？

例如，如果你通常晚上10点睡觉，早上6点起床，那么中点是凌晨2点。

请利用图1-2来查出你的自然时间表。

当然，这是根据“万物平等”的规则来确定的。如果你是轮班制的工作人员，或者你最近刚从海外旅行回来，你的生物钟还没有调整好，那么你的测试结果可能不准确。那样的话，你可以试试免费匿名的在线测试——昼夜节律类型测试（AutoMEQ），来测查你的生物钟。

12:00
1:00
2:00
3:00
4:00
5:00
6:00
7:00
8:00
9:00
10:00
11:00
早起的鸟儿
（百灵鸟）
普通人
（大多数人）
夜猫子
早上

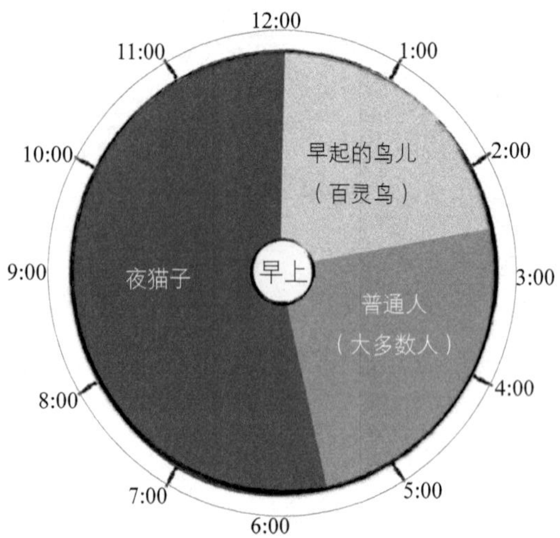

图 1-2　你的生物钟

实践一刻

请你追踪一下自己现在是怎样利用时间的。

- 列出一周的事项清单，记录自己做了什么，什么时候做的。
- 从你醒来的那一刻开始，一直到你上床睡觉的时间，都要有记录。
- 利用表1-1来帮助你（你可以从www.thefirst2hours.com.au下载模板）。你可以概括说明“邮件”或“会议”占用了几小时。如果需要的话，你也可以简单回顾上周的1~2天，看看自己做了什么事。
- 分析你列出的清单。你会发现什么？
- 对你当前做的事情做一些调整（事无巨细，如提前一小时上床睡觉这样的小事），以提高你的工作效率。

表1-1　记录你的时间轨迹

时间	活动
上午 7:30	起床
上午 8:00	体育锻炼
上午 9:00	到达工作单位：处理邮件，花费大约1.5小时

读书笔记

第 2 章

为效率打基础

我邀请我的客户告诉我，他们在什么时间段状态最佳、工作效率最高，他们往往回复如下：

- 睡好觉以后。
- 截止日期即将来临的时候。
- 当能看到实际结果的时候。
- 在一个良好的环境中工作的时候。
- 当气氛平和又宁静的时候。
- 有食物和水的时候。
- 工作在按照自己的习惯推进的时候。
- 身体机能活跃的时候。

我们的工作效率受诸多因素影响，当然这些因素都是非常个体化的。但我们都是人，在生理、思维和工作方式等方面有很多共性。

如果你的能量不足以完成最简单的任务，那么你的待办清单毫无用处。

你可以尝试所有的时间管理技巧，但如果你不关注自身，是走不远的。

工作的影响因素

如图2-1所示，无论是在一天中的哪个时间段，都会有三个关键因素影响你的工作方式和工作效果。

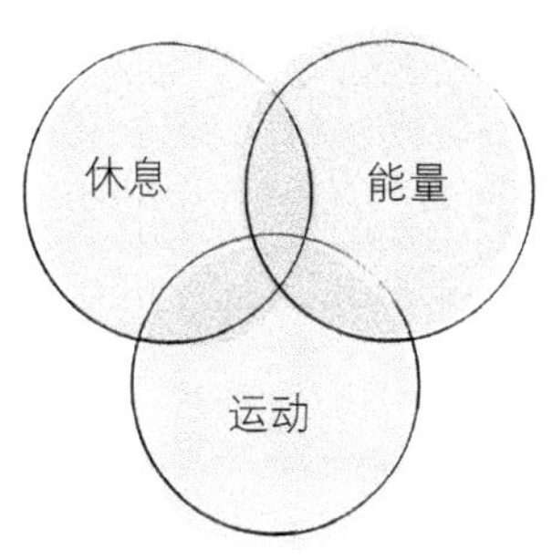

图 2-1　效率的三个关键要素

让我们详细看一下。

能量

请回顾一下前几周发生的事。你还记得哪天你感觉自己超级高效吗？你记得你那天吃的是什么吗？

我们不妨把为身体补充能量视作为火添柴。如果你添的是类似硬木的东西（复合碳水化合物），这把火会维持很长时间。但如果你添的只是一堆纸和纸板（精制糖），那你就要一直添柴，才能让火持续燃烧。

我们摄入的食物类型十分重要，因为食物会直接影响我们的工作状态，直接影响回报率。

我们吃的东西直接影响我们的认知表现。

我们的大脑需要能量以保持敏锐、充满活力。因此，如果没有合理的饮食为我们的大脑提供充足的葡萄糖或能量，我们就很难集中注意力，效率也会下降。

那些能快速释放葡萄糖的食物，如面包、谷物或高糖软饮料等，也能为我们带来能量；但若过了一小时，我们的状态就会一落千丈。因此，如果我们要处理一项有硬性标准的工作，我们与其一直盯着屏幕、吃巧克力棒，不如休息一下吃一顿健康午餐，也就不会让我们的大脑和身体疲惫不堪。

但通常是怎样的呢？

通常情况下，疲惫不堪的状态会让我们产生决策疲劳，我们的判断力就会很差。这是一个恶性循环：我们吃的食物不好，因而感到疲倦，很容易做出错误的决策。而决策疲劳状态下的我们又会去期望汉堡、薯条和甜点这样的食物能帮我们维持状态，以便继续工作。

《英国健康心理杂志》（*British Journal of Health Psychology*）中的一篇文章指出，如果我们多吃些蔬菜和水果，我们会更高产，也会更健康。

但是，你“什么时候”吃与吃“什么东西”同样重要，都会影响你的能量补给情况。

如果我早餐吃的是自家做的格兰诺拉麦片（用烘烤过的谷类、坚果等配制成的早餐食品），我的工作状态会超级棒。工作效率高得就像发射了火箭一样，而且好像什么事都不会出错。

我经常出差。估计你也一样。不过，你是否注意到: 酒店提供的早餐又昂贵又不健康（却又非常诱人）。所以我会在上班路上吃格兰诺拉麦片。我甚至可以把它放进早餐棒里，直到午餐时间，我都不会感到饿。（你可以在www.thefirst2hours.com.au看到我分享的食谱。）

我刚说的这件事不是刚巧那天不饿。这可有科学依据！我们刚睡醒时，身体急需能量。研究人员认为最好的营养就是面包、谷物和水果中含有的复合碳水化合物，以及牛奶或酸奶中含有的蛋白质。（不过，怎么没有人推荐丹麦甜糕。）

美国医学研究所开展了一项名为“提高性能的食物成分”的研究。研究报告中称，吃300卡路里高蛋白的午餐会减轻午餐后工作效率急速衰退的情况，但不能完全消除这种情况。

下午5点后，我们需要吃更多的食物才能感觉饱。因而晚餐往往是一天中最丰盛的一餐。到了晚上，我们的味蕾更加开放，我们的身体也正渴望休息，因而更需要摄入一点脂肪才能让它维持夜间所需要的能量。这种情况下，相比碳水化合物，同样数量卡路里的高蛋白膳食更能让我们感觉到饱。

那么，要吃些什么才能提高效率呢？

- 自己打包带午饭。这样你就不必在白天做吃什么的决定，而且你也会有许多更健康的选择。
- 早点做决定。你要在想吃东西之前就决定好自己吃什么，如果等到想吃的时候再决定就太晚了。
- 一天中随时都可以吃东西。不要等饿了才吃，扔掉那些自动售货机里买来的东西，那些东西虽然方便，却并不健康。
- 手边常备健康的零食。水果、蔬菜、坚果、谷物和蛋白质棒都不错。

简而言之，如果我们中午匆匆吃完快餐就重新开始工作，我们整个下午和晚上的工作状态可能都不好。

运动

布里斯托尔大学开展了一项研究，要求200名员工测评自己在有运动的日子和没有运动的日子里的工作表现。结果显示，有运动的那几天里，员工的注意力水平提高了21%，工作动力提高了41%。

低耗的运动形式最能提高效率，如瑜伽、跳舞或散步。这些运动不是非要去健身房做，所以你也不必抱怨做不来了。

根据美国运动医学院的数据，我们的运动量应该达到每周大约150分钟。如果刚开始不能达到，可以每周增加10分钟的运动量，以达到150分钟的目标。

锻炼不仅可以帮你提高工作效率，还可以帮你改善其他方面的感受。

- 幸福感。经常锻炼会促进人体分泌血清素和多巴胺，也就是那些会让人“感觉良好”的荷尔蒙。如果工作状态“感觉良好”，谁不会效率更高呢？

- 健康。《英国运动医学杂志》中的一项研究报告称，锻炼会改善人体免疫系统，让你不再易于感冒或呼吸道感染。如此一来，恐怕你办公室的同事都会对你感激万分。
- 力量。你的肌肉力量会得到改善，你的良好工作状态也会维持更长时间。
- 注意力。锻炼可以帮助我们增加大脑的供血量，帮助我们提高专注力，使我们更加机敏。回想一下，是不是每次赶公交的时候你的脑海里总会涌现出更好的想法？
- 动力。锻炼时，脑下垂体受到刺激并释放内啡肽，内啡肽会产生快感，这种快感会让我们在工作中感到快乐，并更积极投入。你会更爱你的工作。
- 记忆力。在英国哥伦比亚大学的一项研究中，研究人员发现，规律的有氧运动似乎能让海马体增大，海马体是大脑中参与记忆和学习的区域。这样你就不会忘记那位在金融界工作、坐在那位不知名先生旁边的那位女士的名字了。
- 恢复力。研究表明，有规律的锻炼可以降低紧张程度，改善睡眠，提高自尊感。简直太棒了！

回过去看看我们的生物钟（见图1-1），你会发现锻炼

身体的最佳时间是下午3点至6点。那时你的头脑和肌肉都已经苏醒，你不太可能会受伤。那也是把自己从繁忙的工作中解放出来、释放压力的最佳时机。

但实际上，你还是要形成一个适合自己的、符合你的日程表的运动习惯。

无论何时何地，锻炼都可以帮你提高效率。

休息

“我正准备睡午觉，两个小时以后再说！”还记得有人对你说过这样的话吗？

是不是感觉能说出这句话的人都颇有成就？是不是很有意思？但其实，睡眠不足就像酗酒，会损害我们的认知能力。

A.M.威廉姆森和安妮-玛丽·费耶开展的一项研究表明，睡眠不足（长达17小时不睡觉）导致的损伤水平超过了美国许多地区界定酒驾的标准（血液中酒精含量为0.05%）。

我们可以尝试小睡几分钟。谈到小睡，我们可能要责怪托马斯·爱迪生的虚张声势。他认为睡眠是在浪费时间，因而要尽量少睡觉。传说他发明电灯泡是因为他想不受太阳或烛光的支配，延长自己的工作时间。

他不是唯一的“怪咖”：据报道，尼古拉·特斯拉和莱昂纳多·达·芬奇两人每天只睡2~3小时。

因此，许多人认为你不用睡那么多觉，依然可以取得成功。但我也记得人们也曾普遍认为：如果能喝上1~2杯酒，开车技术会更好。也有一段时间，人们认为吸烟有益健康。

本杰明·富兰克林曾说：“早睡早起，使人健康、富裕，聪明。”他通常只睡6小时。巴拉克·奥巴马和理查德·布兰森显然也只睡6小时。

然而，在世界的另一端，温斯顿·丘吉尔却很喜欢睡觉。他认为他在第二次世界大战中领导英国取得成功要归功于他那些小睡。他可是那种一天只工作7小时的家伙。

那么究竟谁做得对?

宾夕法尼亚大学的大卫·丁格斯发现，每晚睡眠时间少于一定时间，对注意力、记忆力、计算能力和情绪都有影响。志愿者连续7天每晚只睡5小时，结果，他们几乎所

有的“正常”功能都有问题。他们用了两个8小时的睡眠才恢复正常。

实际上，我们工作的时间越长就会越累，也越容易出错、拖延或感觉迟钝，我们也就需要更长的工作时间来弥补这些问题。

早在1893年，就有研究调查：如果我们将每周的工作时间减少10%，或者将工作日的工作时间从9小时减少到8小时，会怎么样？结果显示：如果每周的工作时间超过40小时，那么时间越长，收益率越低。

人体需要睡眠才能生存！我们一天需要昏迷长达8小时才能生存。这是人类进化的结果：睡眠是我们恢复和再生身体能量的最佳方式，让我们在剩余的16小时再次活跃起来。

人各有异，有不同的睡眠需求。但对我们大多数人来说，睡眠质量差与坏习惯有关，如摄入过量的咖啡或酒精、过度使用科技产品、饮食不良和缺乏锻炼。

还需更有说服力的原因才能让你有更多睡眠吗？

一项研究邀请4 000名工人审视自己的睡眠状况，结果显示，睡眠质量不好的人损失的效率最多，仅花费在时间管理上的时间就是普通人的三倍。他们工作动力不强，很难集中注意力、记住事物并做出正确的决定。

如果我们获得充足的睡眠，我们可以：

- 反应更快。
- 更好地判断决策。
- 记住更多东西。
- 更有创意。
- 更轻松地解决问题。
- 降低错误的风险。
- 降低职业倦怠的风险。

下面是一个有关睡眠的案例，你同意其中的观点吗？

无电话区

德勤2017年在英国的一项调查显示，79%的人喜欢在睡前看手机，甚至有55%的人说这是醒来时做的第一件事。

你如何看待这一点？

加州大学洛杉矶分校医学院精神病学临床教授丹·西格尔博士告诉《美丽佳人》（*Marie Claire*）杂志的记者："人们看手机时，眼睛暴露在光子流中。这些光子会让你的大脑保持清醒，不会进入睡眠状态。当你查看邮箱、查找信息的时候，你的大脑不会分泌褪黑素，反而会告诉你：现在还不是睡觉的时候。"

这将继续扰乱我们接下来一天的工作和生活。

如果我们能睡个好觉，白天积聚的神经毒素大多会被清理干净。否则，我们就会感到昏昏沉沉的。这些毒素会损伤我们的记忆力，影响我们的注意力。"我把钥匙放在哪里了？"这样的话是不是听起来有点儿耳熟？

研究表明，睡眠不足真的会引发疾病，增加糖尿病和肥胖的风险。

你可以依照自然选择安排自己的工作，你也可以选择在身体和大脑的合理状态下工作。

最后2分钟

事实证明，人是饮食、睡眠和运动的产物，饮食会决定我们的工作状态。这会令人有些惊讶，但也会让人很欣慰，因为你不需要做太多改变就能让自己整天都精力充沛。

午餐后步行20分钟，或者减少午后饮用的咖啡或咖啡饮料的数量，这些做法都会对你有所帮助。但不要忘记在睡前30分钟就要关掉电子产品！

如此一来，一旦大脑开始执行任务，我们就能尽可能地提高工作效率。这意味着我们可以充分利用最宝贵的时间，这将是我们在第3章探讨的内容。

即时贴士

找替代品比单纯禁欲更容易！下午可以喝些草药茶或含有（无糖）水果的饮料，不要喝咖啡。尽量走楼梯，别坐电梯。

从前一天开始

我的客户西蒙妮喜欢睡觉。作为一个忙碌的职场妈妈，她需要照顾好自己，才能保存体力完成任务。但她并不总是能得到很好的睡眠。

她说她赶工的时候，常常要凌晨1点才能睡觉，早上6点就起床，为家人做早饭、午饭，还要安排必要的休息活动。

她总是奔波于这些琐碎的小事。我没有和她探讨她一天中的前2小时，而是先讨论了她一天中的最后2小时。

我让她每天下午留出1小时，想想什么事会影响她第二天的效率。她选择把自己的任务分为两类：工作相关和家庭相关。

◆ 工作相关：

— 回顾今天的待办清单，准备好第二天的待办清单。

— 标记影响最大的三件事。

— 挑出能有助于提高第二天工作效率的几个任务，完成一些易于处理的邮件和任务。

◆ 家庭相关：

— 准备好第二天的三餐（没错，包括晚餐）。

— 安排好家庭成员所需用品（如儿童运动装备等）。

— 提前打包好——孩子自己的书包自己准备好。

过了一段时间，大家都开始动手忙起来，并互相帮助，这就拯救了西蒙妮的时间，让她有机会重新安排自己的节奏。她早上的做事效率变高了，白天能够处理更多的工作。慢慢地，几个月后，她完全不用再在晚上处理工作了。

试验二

你的睡眠好吗?

有许多App可以帮你管理睡眠质量。这些App几乎适用于所有的智能设备，在飞行模式下仍能继续工作，让你不再受到其他通知的干扰。

我们来做个小调查，帮你找到最合适的工作方式。

能让你进入当天最佳状态的几个条件:

- ◆ 你锻炼了吗？
- ◆ 你的压力大吗？
- ◆ 你吃了什么？
- ◆ 你喝了多少水？
- ◆ 你喝了多少酒？

请你追踪自己的状态，确定在什么条件下你的睡眠质量最好。例如，我在自我分析时发现，自己最佳的睡眠时间是星期一晚上，因为那天下午我散步了20分钟，喝了一小杯红酒。

你也来查一下吧!

实践一刻

改变你看待世界的方式。

如果有人说“我没时间锻炼”，其实他们真正说的是“锻炼不是我的优先选项”。

- 想想为什么你没能尽量吃好一点、多锻炼一些，或者睡眠质量更高一点。什么东西比身体健康还重要？
- 梳理一下这些“比健康还重要的事儿”，挑出其中一项，下个月只有这一项可以比健康重要。
- 看看自己会发生什么变化。整体工作效率和幸福感是否有所提高？

读书笔记

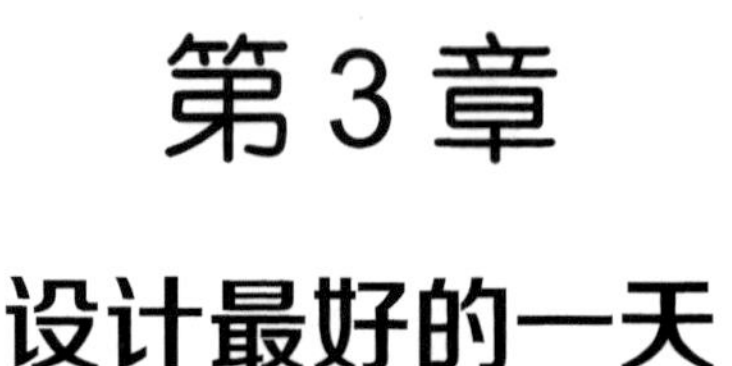

第 3 章

设计最好的一天

2011年，由阿曼达·塞弗里德和贾斯汀·汀布莱克主演的电影《时间规划局》（*In Time*）在影院上映。故事发生在一个虚构的未来世界。当一个人成长到25岁，他/她的衰老基因就会停止工作，时间就变成了一种可以用金钱买到的商品。人们的小臂上有一个时钟，用来测量他们的剩余时间。如果时钟归零，那个人就会被判为“超时”，或者死亡。

在电影中，时间就是通用货币，即可以通过工作赚取，流转在人群当中或被存储在“时间胶囊”中。喝一杯咖啡可能要花3分钟，买房要花30年。

有些人的生命按天计算，而有些人却能活几十万年，像有不死之身。所谓的穷人奔波于“积攒时间”，而富人则有足够的时间逛街购物。

这部电影让我思考良多，我关注的不是演员的表演、剧本创作或电影特效，而是因为那个基本前提。

如果时间是一种货币，你花费时间的方式或地点是否有所不同?

你是否还会继续不假思索地随意安排日程，不顾代价地接受会议邀请，不在乎你花费了多少时间、花给了谁，以及什么时候花这个时间？你是否会在安排日程时做更周详的考虑？（我的《25分钟会议》可以帮你解决这个问题。）

我们需要换种思维方式，就像理财一样，仔细想想我们该如何管理时间。

如果一分钟值一美元，你如何能确保你的每分钱都物有所值?

把时间当作财富

传统的时间管理方法主要强调要排列优先顺序，做出工作计划，创建待办清单，再逐个勾掉已处理的事项。但如果有人问你：“你工作得怎么样？”你的回答可能就是：“好忙啊！”

除了感到忙碌，你还会感到疲倦。两者往往相伴而行。

如此看来，很多时候我们只是做了表面功夫。我们应该考虑一下时间管理到底所为者何，而不只是撒手就开始

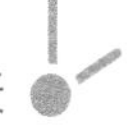

忙起来。

真正的时间管理是要把时间视为一种宝贵资源，以帮助我们取得最佳回报。时间就像金钱，一去不复返。但与金钱不同，时间不能被保存，所以我们不得不充分利用每一分钟以获得最大价值。

有些人赚的钱很少，却依然可以做很多事儿；有的人赚得很多，却不太能发挥其价值。时间也是一样。与财富分配不同的是，我们每个人的时间一样多。但总有人比别人做得多。

所以，你不妨如实回答以下问题：

- 哪个时间段你感到自己最敏锐和最有活力?
- 哪个时间段你感到自己迷糊又疲倦?
- 你认为这两个时间段哪个更有价值?

你是否认为，敏锐状态下的你比疲惫状态下的你效率高出一倍。如若如此，你是否更应明确什么时间用在什么人、什么事上才能发挥其最大价值?

让我们把时间想象成房地产——不同房子的价值也不同。海景房通常估价较高，香港的公寓与马尼拉的公寓价格也各不相同。被垄断的房产估价更高，会带来更多收益。

> 所有人都珍视自己的房产。你需要像珍视自己的房产一样珍视自己的时间。

多任务处理

是的，为了更快完成任务，我们可能会同时打开多个程序，同时处理20个任务。

我们如此“繁忙”，一边查看邮件，一边整理办公室，另一边还更新系统，还要处理我们犯拖延症时留下来的那些小任务。这种“多任务处理”的工作模式确实给我们带来了“肉眼可见的进步”，依照杰森·福克斯在《重新设计工作》（*The Game Changer*）中的说法，这种肉眼可见的进步是我们大多数人的重要动力。

随着工作不断进行，我们可以清楚地看到要处理的文件越来越少，整理好的办公桌上留下不少空地儿，邮箱里的邮件也越来越少。

你完成所有任务时，这感觉太奇妙了！因为你完成的不是某一项重要或有影响力的任务，而是一大堆的任务。

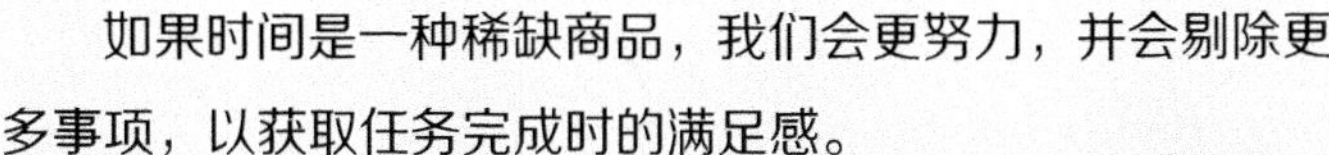
如果时间是一种稀缺商品，我们会更努力，并会剔除更多事项，以获取任务完成时的满足感。

但多任务处理的真实成本是多少？

多任务处理需要技巧吗？

根据《今日心理学》（*Psychology Today*）上的一篇文章，多任务处理会使工作效率降低多达40%。

因此，在不能掌握多任务处理的技巧的情况下，看似我们同时做了多个任务，其实每项任务都占用了更多时间。

更糟糕的是，多任务处理是一种瘾。因为我们的大脑很容易被新奇事物分散注意力。所以我们在工作时也会被社交媒体、邮箱和电视上的内容分心。

我们大脑中的网状激活系统负责帮助我们确定应该把注意力集中在哪儿。但遗憾的是，它更容易关注新鲜事物。不得不说，在过去，这种生存本能帮我们对环境变化做出了快速反应。

如果新奇特的事物进入视野，我们便会给予更多关注，大脑也会释放多巴胺，让我们感觉良好，又让我们想要更多。

多任务处理也是一种成瘾行为。无技巧的多任务处理的次数越多、时间越久，我们越会遭受更多打击。最终不得不做更多的成瘾行为来获得这种愉悦感。因此，如果你现在每天要检查10次邮件，将来你可能每天要检查20次，才能获得同样的快感。

下次你看电视时，请注意一下你能保证多长时间不看手机。根据亚胜公司的一项研究，平均水平下，人们每10分钟看一次手机。

无技巧的多任务处理会直接影响我们的工作效率，使我们的工作效率低下、花费的时间更长，我们也会变得劳累过度、工作过度、压力过度。

> 无技巧的多任务处理是一个低工作效率的恶性循环。

工作强度与工作影响力

现在，请你重新考虑如何充分利用你最宝贵的时间，不要把它浪费在愚蠢的任务上，或者把它交给不值得的人。

如若要更好地利用时间，你还是要确定当天需要完成

什么工作。但与其依次完成一长串任务，我们不如通过任务强度和任务影响力来决定任务顺序。

工作强度是指完成工作所需的智力。处理此工作是否需要深入思考、聚焦精力，并保持专注（高强度）？抑或你不费力气，蒙着眼、背着手就可以轻而易举完成这项工作（低强度）？

工作强度是我们区分事务的优先级别的另一个标准。这一概念源于丹尼尔·卡尼曼的《思考，快与慢》（*Thinking, Fast and Slow*）一书。

他认为人的大脑具有两个系统。

- 系统一：快速，本能和情绪化。它运转迅速、能快速做出判断，也无须太多能量。
- 系统二：慢速，更审慎，更合乎逻辑。它需要深度思考，会消耗大量能量。

如果我们经常使用系统二，我们会感到疲倦，甚至“脑死亡”。

卡尼曼发现大脑很难节省能量。如果系统二需要运转，它会想要逐渐取代系统一。

正如第2章所述，食物、运动和睡眠都是影响工作强度的重要生理因素。

我们需要在最敏锐、最有活力的时间段内安排更高强度的工作。

工作影响力是指你花费时间和精力所获得的回报。

如果一项工作具有很大的影响力或高回报率，那么它应该比低影响力的任务优先处理。确切来讲，任务的优先顺序应参照这项工作对你个人工作的影响力、对团队的影响力和对组织的影响力。

如果一项工作能让三方都有收获，那自然是最需要优先处理的。但我们往往会花费大量时间去处理一些对我们不重要或对进程影响不大的事务。

你可能会惊讶地发现，对大多数人来说，一天中只有2~3件事会对我们的工作效率和效果产生最大的影响。

伯莱图法则中谈到：80%的成果源于20%的活动。

这一原则是意大利经济学家维弗烈度·伯莱图提出来的，他注意到意大利80%的土地仅归20%的人口所有。他进一步研究这种不平衡的分配在其他领域的应用，将其延伸到我们应当如何利用时间、精力和能量。

一天中会有数以百计的事情发生，我们需要把最宝贵的时间用来完成 2~3 项最具影响力的工作。

哪个任务，什么时候做

在调配任务时，我们要考虑这些任务需要多少能量或多大的强度，以便选择最佳工作时间。

图3-1可以帮我们审视和思考当天需要做的工作。

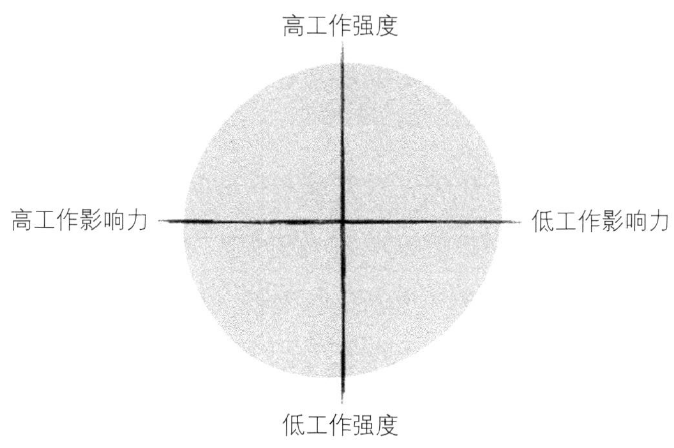

图 3-1　工作强度与工作影响力

1. **高工作强度/高工作影响力**。那些对你的工作成果会产生最直接正面影响的任务是你最重要的工作，需要消耗你大量的注意力、精力和专注力。如果你需要预订一间会议室或回到家才能专注于某项工作，这项工作便属于这一范畴。（第4章将进一步探讨这类工作。）

2. **高工作强度/低工作影响力**。这类工作要求你时刻在线，为他人服务。如果有人请你帮忙思考什么问题，或者有人驳论你的观点，这类工作就是高强度/低影响力的工作。（第5章可以帮助你处理这类工作。）

3. **低工作强度/低工作影响力**。这类任务特别容易，而且风险很低，你甚至可以在睡梦中完成。例如，你在自驾仪前重复的一些常规动作，就属于这类任务。（在第6章中会有更多探讨。）

4. **低工作强度/高工作影响力**。这类任务不需要你发挥过多的聪明才智，但仍对你有积极影响。计划、维持、准备等工作都属于这一类别。这类任务会让你接下来的工作更顺畅。（在第7章中我们将学习如何正确结束一天的工作。）

如若你按照工作强度和工作影响力来安排一天的工作，倘若再有人问你“工作得怎么样”，你就不会回答“忙死了”“忙疯了”或“压力好大啊”，而是会评价说“效率蛮高的”或“效率不太高”。

正如那句谚语所说：“重复一样的事不会带来不一样的结果。”如果你想改善你的工作方式，你就必须做些改变。

改变你的习惯会对你的工作效率产生更大的影响。

最后 2 分钟

现在是时候停下来，问问自己：“我现在是否充分利用了我最宝贵的时间？”

我们经常浪费时间去进行多任务处理，让自己忙起来，或者受迫于他人的紧急和重要事务。我们很少停下来想想：“这是我应该做的事吗？现在是我做这件事儿的最佳时间吗？”

是该想想这些问题了。

在第2部分中，我们介绍了计划工作日日程和任务安排的最佳方法，让你所花费的精力都物有所值。

即时贴士

请从手账中取下一页，仔细安排你的时间。你可以吝啬一点儿，至少请你节俭。

创建紫色补丁

李是我的一位客户，他正尝试着充分利用自己的时间。他觉得自己从来没有机会完成自己的工作。他总是在开会，每天要回复几百封邮件，然后工作到深夜，甚至要错过与家人共处的时间。

他不时会有一些临时空档，而那又恰好是他效率极高的时间。他将之称为“紫色补丁”。例如，如果会议被取消，他的日程上就有了一点儿空缺，就可以去做一些“实际工作”。

我们与他商议，他应该有意识地记录下这些“紫色补丁”，我建议他每天把日程表上的第一个2小时单独划分出来，用紫色将之进行颜色编码。

3个月来，他一直用“紫色补丁”的这段时间去完成最重要的工作。

有时他必须灵活处理，允许他人与他共享这些紫色时间，但在大多数情况下，他能够充分利用这段时间去完成重要的工作。

试验三

为时间估值？为什么不呢！

也许你会说：

◆ “我得先发邮件，否则我感受不到对自己的时间的掌控。”

◆ “我很擅长多任务处理。如果我同时处理几件事，我能完成更多任务。”

◆ “对于我的团队来讲，我可以随叫随到。这一点儿会让我很骄傲。”

赶紧改变这些想法吧！

请不要把改变当作苦差事，不如把改变当作一场游戏或挑战。

例如，你可以问问自己：

◆ “12点之前不可以查看邮箱，这件事我能坚持多少天？”

◆ “如果不进行多任务处理，我能完成多少任务？”

◆ “我能坚持多久不走神、不分心？”

◆ “如若限时25分钟删除不重要的邮件，我的个人最佳纪录会是删掉多少？”

你可以试着做点改变。

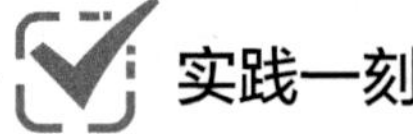

拒绝多任务处理。

- 简洁、聚焦。你可以试试由弗朗西斯科·西里洛创立的番茄工作法，即选择一个待完成的任务，集中精力工作25分钟，休息5分钟，再工作25分钟。这是我首选的方法，也是我在写本书时所用的方法。
- 请排除一切分心因素——整理好桌面，将手机设为静音放进抽屉里，戴上耳机防止旁人干扰。（研究表明，噪声会极大地影响工作效率，同时，工作环境中没有声音比工作环境中有音乐的效果更好。）
- 一次只做一件事。逐项完成，终止低效率的恶性循环。
- 对更多的任务说“不”。你应该了解自己的极限，分阶段完成特定数量的任务。

读书笔记

第2部分

如何充分利用每个2小时

知道了为什么有必要更好地设计一天的日程，你就可以收回对自己时间的掌控权。这不止于掌控日程表和邮箱，而是要掌控自己的整个人生！

你要明确哪些任务强度最大、需要消耗的能量最多，哪些任务可为你带来巨大回报。随后再设定完成某项任务的最佳时间，依此安排你一天的日程。

大多数人平均每天工作8小时（或者至少想要工作8小时），这也是我们安排日程参照的标准。

我们可以把这8小时分为四部分，每部分占用2小时（见图B）。

1．第一个2小时：主动。

2．第二个2小时：反应。

3．第三个2小时：能动。

4．第四个2小时：预应。

让我们来看看每个部分涉及的任务，这些任务将帮助你最大限度地提高工作效率并充分利用一天的时间。

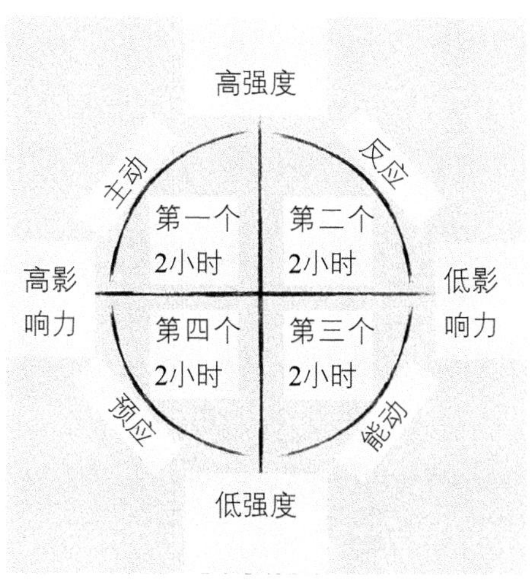

图 B　你一天的时间

第 4 章

第一个2小时——主动

我经常听到人们抱怨他们整天都耗在毫无意义的会议上，或者刚处理完一个危机就要去处理另一个危机，却从未有机会去处理他们认为是“真正的”或重要的工作。

在第一个2小时安排高强度和高影响力的工作是真正管理时间的第一步。

第一个2小时不但是我们完成工作的最佳时间，也正是我们为成功做好准备的时候。第一个2小时适用于处理图4-1中列出的任务。

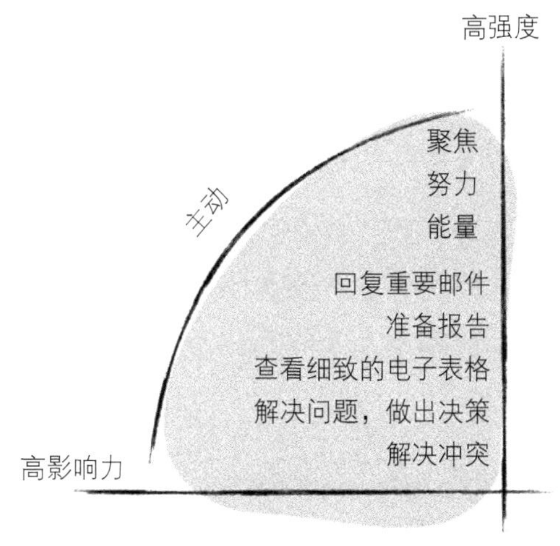

图 4-1　第一个 2 小时

先把正确的事情做好，剩下的工作几乎都会水到渠成。

做出明智的选择

现在是时候积极主动选择我们需要做的事情、掌控自己的时间了。现在是时候处理能为你的精力投入带来最大回报的事情了。

第一个2小时里，我们往往具有最高水平的警觉性和心理能量，因而需要充分利用这段时间处理最难处理的工作或需要极大注意力的工作。

请极力保护这段时间！把它单独留出来，你才能更好地利用时间。

在规划我们第一个2小时工作的时间时，我们要平衡三个方面（见图4-2）。

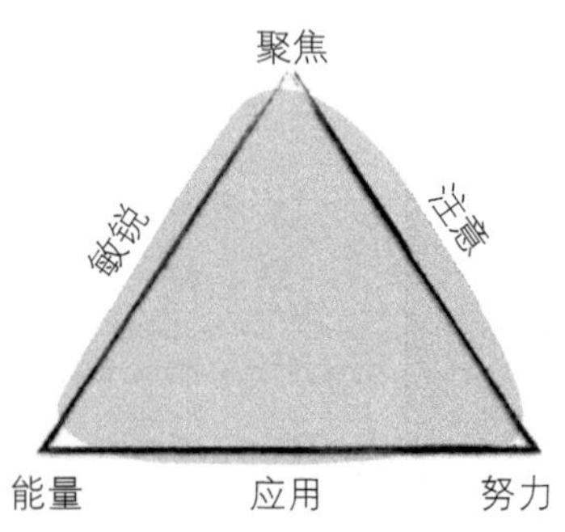

图 4-2　第一个 2 小时的资源

1. **聚焦**。我们要高度集中注意力，特别是要消除干扰以成功完成困难任务。要低下头，远离干扰项，聚焦到工作上。

2. **努力**。人们更愿意做更难的工作，因此请利用这段状态极佳的时间处理这些需要付出更多努力的棘手工作。

3. **能量**。人们有能力完成那些可能会耗尽大脑能量的任务。请让你的能量和智力发挥最大作用。

第一个2小时的任务

人们第一个2小时的工作会因工作和工作要求不同而千差万别。如果你能自主决定你要做的事有一定的强度和影响力，你的状态就会很好。

请问一下自己：

- 这项任务需要有高度的注意力和专注力吗？
- 完成这项任务需要额外的努力吗？如果我在累了的时候做这件事，是否会有更高的犯错误的风险？
- 这项工作对我的工作效率和绩效会有很大影响吗？

例如，如果你是一名图书编辑（就像编辑我这本书的编辑一样），那么你最重要的工作就是阅读、评审和编辑，这些工作需要在早上完成；而其他任务晚点处理更好，如整理书目或引用的来源、调整字体格式和排版等。

作为一名培训师和辅导员，我大部分时间都用来讲课。但要在办公时间，我的第一个2小时会处理其他更重要的工作，如设计课程、写工作簿、整合提案或引用、开发新内容等。

如果你是企业经理，你在第一个2小时要处理的应该是以下任务。

筹备即将召开的重要会议

我曾以为如果有人能从刚结束的工作会议中快速调整融入另一个工作会议，这足以显示他的工作能力。现在我意识到，即便可以这样连轴转，你所参加的这几个会议的质量其实都非常差。如果你要参加一个重要会议，你需要留些时间好好思考，充分做好准备。

请利用第一个2小时这段宝贵时间准备一下你提前发出的会议议程，在向大家做会议报告之前，确保报告中的数字准确无误，别等到开会时出现纰漏。

设计好重要展示的PPT

虽然我不是PowerPoint的忠实粉丝，但不得不提，PPT是工作会议上的基本元素，是我们沟通观点的基本工具。

糟糕的是，大多数PPT做得并不好，也很少考虑到听众的感受。如果这是一个重要的会议，而你正试图影响他人或推销自己的产品，你需要腾出时间、花些心思好好设计你的PPT，同时要考虑好听众的需求及可能的结果。

做项目计划

数不清有多少经理和我说过，他们没有时间去做项目计划。他们会解释说，因为他们忙碌的日程表和会议安排，他们不得不用自己的个人时间来做项目计划。

做项目计划，这恰巧是需要大量专注力才能处理好的任务，可不是那种到最后时刻、等孩子睡着了才着手处理的工作。试想你这样仓促地设定计划，会对项目有什么影响。

解决问题或与他人的冲突

当我们感到疲惫和紧张时，人脑系统中会产生更多皮质醇，使得人脑中的“恐惧”将冲突情境解释为“威胁”，阻止我们正常开展工作。如果他人遇到问题，你也需要充分利用资源、集中注意力提供一些好的见解。因而这类问题最好也放在早上这段状态极佳的时间去处理。

做重要的决定

请记住，我们一天之内只能做有限数量的决定，因而我们不要一大早只顾着决定今天穿什么、吃什么或回复毫无意义的邮件，要确保自己没有一大早就为一些无关紧要的小事耗费精力。

请思考一下，还有其他需要你考虑的问题吗？

仔细考虑邮件的内容并认真回复

要在早上回复的邮件应该是那些需要关注和思考的邮件。我们在疲惫或有压力时回复的邮件通常都会有些错误。这些错误可大可小，小到拼错了客户的名字，大到几个考虑不周的措辞，可能无意中就让这单生意告吹。

这是一个非常重要的话题，我们现在将深入探讨这个问题……

第一个 2 小时的规则：处理需要最大脑力的任务。

学会利用邮箱

遗憾的是，我们大多数人会因为坏习惯浪费掉我们最有成效的第一个2小时。我们来到办公室，泡杯咖啡，和同事聊聊，坐在办公桌前，然后立即打开邮箱，从上到下一一回复。我们让邮件的抵达时间决定是否读邮件。

请不要把你最高效的第一个2小时荒废在邮件中。

据DMR（一家研究社交媒体数据和趋势的公司）统计，用户平均每天收到112封邮件。在过去的几年间，我也曾向许多团体统计过他们每天会收到多少封邮件，答案是依照不同角色40~200封不等。

然后我问："这些邮件中有多大比例是重要的，需要你的认真回应？"答案几乎都是10%（格拉斯哥大学的一项研究发现，只有20%的情况下我们在正确地利用邮件来避免不同时区的时间差，回答定义明确的问题）。其余情况都是在浪费时间，而且这其中的大多数都是一个电话或当面讨论才能更好解决的问题。

我并不是说你要完全放弃邮件，但你需要有一个合适的体系安排好合适的时间来处理邮件。

如何浏览邮件

在《智能工作》（*Smart Work*）一书中，德尔莫特·克劳利提出了一些很好的处理邮件的建议。他解释说，邮件有三种类型：

1．行动。

2．信息。

3．垃圾。

在工作日的第一个2小时，你应该只处理行动类邮件，也就是那些需要你做出某种回应或进行某种操作的邮件。信息类邮件和垃圾邮件应该先放在一边，等到低工作强度的时间段再查看。

因此，我希望你养成一个新习惯：早上先扫一遍邮箱，辨别一下哪些是行动类邮件，需要什么时候执行。晚些时候再处理剩下的大部分邮件。请遵循以下五个步骤：

1．打开收件箱，找到需要认真回复的那10%的邮件。（把发件人图标用不同颜色编码，这样你就很快辨认出哪些邮件是你老板发过来的。）

2．确定是否需要立即回复，还是可以稍做安排再回复。

3．如果不是紧急邮件，却需要认真回复，请把它搁置一下，放在第二天的第一个2小时或者本周内任意一个工作日的第一个2小时再做回复。

4．将其他邮件保留到当天晚些时候回复。（第5章将会进一步探讨这类邮件的处理。）

5．把那些已经处理过的或过时了的邮件单独存放。这是需要当天晚些时候再处理的一项任务。邮箱里的那些邮件，不管你读没读过，都会给你带来工作压力。近年开发出的邮件检索功能特别好用。建议大家在收件箱中单独建立一个文件夹，标为“已处理”。你可以把读过或者处理过的邮件拖拽到这个文件夹。如果你某天需要某个邮件，假如你还记得发件人是谁、日期是哪天、标题大概是什么内容，你就会很容易找到这封邮件。

邮件很重要，但我们有时间处理邮件，不只是在最初的2小时内处理。

记住：“主动”，而非“回应”

让我们面对现实：主动选择最重要的工作需要大量的自律。

有没有过这种情况：你走进办公室的第一件事，就是处理危机或者回应其他人的问题？如果你是一个好人，你的本能反应可能就是立即做出回应。

拉扯我们的人情绪越大，我们就越有可能会进入这种情况。如果我们大脑中的杏仁核参与其中，我们也会对外界做出反应并被引到这些情境中。

在我们了解事情原委之前，我们已经将注意力、专注力和精力放在那些不一定能给我们带来最大回报的事情上，却浪费了那么宝贵的时间。不仅如此，这些事非常消耗精力！

当你面临他人焦虑的爆发时，保持冷静，远离那些情境并不是容易的事。但请相信我，如果你能做到如下几点，你可以保持理智、平静。

- 按下暂停键。
- 问问自己（和其他人）：到底发生了什么？
- 检查你本来计划要做的事，再确定优先顺序。
- 问问自己：怎么才能更好地处理这件事？

通过规划和实践，你可以暂停一些不相关的任务以便日后处理。

最后2分钟

我们要了解自己的坏习惯，改善这些坏习惯，找机会最优化可以满负荷运转的第一个2小时。我们已经架起坦克，准备好开始行动！这是我们能够明确自己的想法的最佳时机。

这就是第一个2小时如此重要的原因：它为你接下来每个小时的工作都奠定了基调。

既然你已经完成了最重要的事情，你可以自由地利用接下来的2小时。这时你的工作强度仍然很高，但你可以更灵活，可以去支持他人的工作。我们接下来继续探讨。

> **即时贴士**
>
> 关闭信息通知。不只是在第一个2小时，而是永远关闭信息通知，帮自己保持专注。

将不可能变为可能

戴夫总是把查看邮箱作为早上头一件事。他的理由是，一夜之间，世界各地的同事向他发信息，都要求他立即做出回应。

我告诉他，那些同事最早也是在当地时间下午4点才会阅读他的邮件，他愣了一下。这似乎不可能！

所以我建议他养成处理邮件的新习惯：先扫一眼，标记、识别那些需要集中注意力处理的邮件。

他建立了一个文件夹，把那些邮件拖进去。除非有特别紧急、需要立即回复的事，他会依照计划安排自己第一个2小时的工作。

他会在午餐时间或午餐后再查看邮箱，把一些邮件推迟到第二天早上处理，先处理那些及时和普通邮件，等下午海外的同事刚刚上班工作时再回复他们的工作请求。

这样做带来了一个意外惊喜，他在下午给海外同事回复邮件时，对方已经上班了，很多事情打个电话或者发个即时简讯就可以解决。这降低了他回复邮件的工作压力。

试验四

守护你的时间

从现在开始，单独留出你一天中的第一个2小时。

如果你必须过几周才能开始这样做，没关系。

但你也可以尝试将一些会议或其他任务移至当天晚些时候再处理。尽可能多地尝试和重新安排你的时间，以把自己释放出来，保护自己最宝贵的2小时。

控制收件箱

请练习一下如何控制收件箱。这只会花费你早上不超过5分钟的时间，你可以借助手表或智能手机上的计时器监督一下自己。

1．打开邮箱，找到需要认真回复的那10%的邮件。

2．确定这些邮件是否需要立即回复，还是可以另做安排。

3．安排相应的回复时间（可以选择接下来某个工作日的第一个2小时）。

4．其余邮件留到当天晚些时候再回复。

额外建议：

- **立即取消订阅不必要的邮件和简讯。**请立即行动。如果你喜欢这些简讯，请为它们单独建立文件夹，或者在社交媒体上关注这些简讯。
- **停止发送邮件。**这样人们就不会感觉他们不得不回复邮件给你！利用即时简讯服务进行快速通信，保存那些含有需要认真回复、证据追踪和附件的邮件。
- **发送更高质量的邮件。**请在主题栏说明自己需要对方进行的操作，如标明“需要操作”“仅限参考”“请回复”或“需要决定”。另外，尽可能多地提供信息以方便对方做出回复。记得有一次，我为了筹备会议，来回发送了8封邮件。如果我第一封邮件就把必要的信息说清楚，我只需要发2封邮件就够了！

实践一刻

优化你的第一个2小时。

◆ 在你的记事簿中留出这第一个 2 小时。

◆ 计划在此期间你要做的事。

◆ 消除分心的因素：

— 如果你有自己的办公室，请关上办公室的门。

— 在家里工作。

— 搬到安静的房间或其他位置。

— 关闭手机和计算机上的提醒。

◆ 请你仔细考虑是否允许其他计划之外的工作请求占用你的这段时间。

◆ 建立一些能支持到你的仪式感：

— 提前10分钟拿到咖啡或茶。

— 确定当天的前三项任务。

— 利用第一个2小时的前10分钟扫描、审核和规划你当天的日程。

读书笔记

第 5 章

第二个2小时——反应

请想象一下，如果你在舞厅里跳舞，你的大部分注意力都应该集中在你的伴侣身上，集中注意力跳舞，不会踩到脚趾或附近其他夫妻的脚趾。你倾向于专注于手头的任务。

但如果你站在阳台上，你可以通过整个房间的结构审视自己的位置，你能够观察到人们的运动模式，找到某些人，识别出浴室、餐厅、椅子和饭桌。你会有一个更大的视角。

你可能会意识到这是隆纳德·海菲兹在《调适性领导》（*Leadership without Easy Answers*）一书中提出的一个概念。我想请你把这个概念应用到时间管理上。

如果第一个2小时的你就像在舞池当中，低头处理有影响力的工作，那么接下来的2小时就是走到阳台上看看接下来还有什么。

既然最重要的事都在掌控之中，你需要识别出你应该把注意力放在哪儿。第二个2小时适用于图5-1中列出的任务。

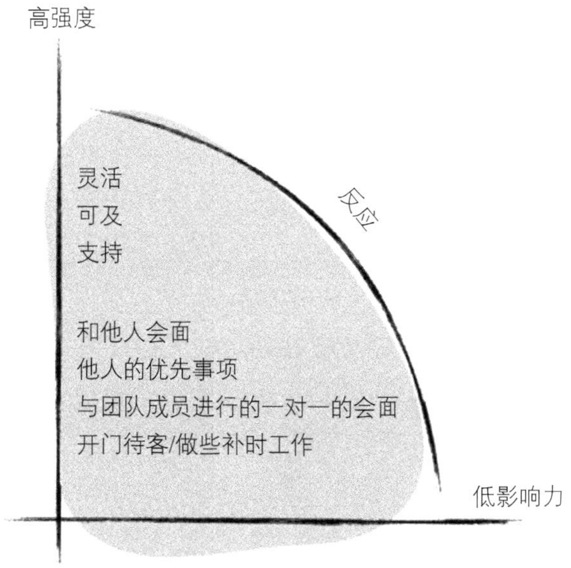

图 5-1 第二个 2 小时

既然你已经处理过对自己来讲最为重要的事，第二个 2 小时我们要对他人的需求做些回应。

满足他人的需求

虽然第一个2小时的你很积极主动，在最有影响力的事情上抢先一步，但第二个2小时给你留出空间让你应对自己的或团队和组织的紧急需求。

这时，你可以为他人留出一部分时间：此时你的能量和注意力依旧还在，你能够回应他们的请求。

你所回应的任务可能对他们来讲有很大影响（可能对你自己也会有些影响），但没有你自己的优先事项影响那么大。

好在此时仍是你思维运转的黄金时段：还得过几个小时你才会去吃午饭。

第二个2小时（见图5-2）涉及的关键词如下。

- **灵活**。把时间留给需要我做出回应的事。
- **可及**。留些时间和空间分享给可能需要我的人。
- **支持**。这些任务对我个人而言可能影响不大，但对他人影响很大。

图 5-2　第二个 2 小时的资源

自行计划

有些人可能会说，你在第二个2小时里所做的就是他们正常工作日处理的事：参加会议，解决问题，处理紧急事务，救场。

然而，每天都以这种工作节奏度过一整天，会给我们带来压力、疲惫，最终导致倦怠。

如果有人认为工作中所有事情都能够依照计划、平静而又有条不紊地推进下去，这种想法也比较愚蠢。因为总会出现一些危机和亟待解决的紧急情况。然而，我们越在意第一个2小时，我们就越要灵活处理接下来的2小时。

工作中的麻烦不可能到下班时就马上消失。实际上，说不定还会发生什么乱七八糟的事。

但我们可以选择是否做出回应。

在第二个2小时，你的工作状态依旧很好，敏觉性也很高。所以此时的你可以发挥自己的创造性，帮助他人处理信息。

我的一位同事每天早上7点30分进入办公室，在第一个2小时内完成了高强度、高影响力的工作。接下来的时间里，直到午餐时间，她都会开放地接受会议邀请，为人们做其他事情、为团队服务。

她的团队已经了解了她的这个习惯，并且知道如果要从她那里获得最大的帮助，9点30分之前都要“离她远一点”，因为在那之后她会为他们提供任何帮助。

为你的自发状态设计计划似乎有点违反人类本能，但在第二个2小时，你的确应该这样处理。

你应该怎么做

这个问题的答案价值百万，不是吗？下面我们会列出最适合在这段时间处理的任务。

开门待客或做些补时工作

在福布斯2016年的一篇文章中，有人提议最有成效的经理人是那些有专门的关门工作时间和开门待客时间的人。这与20世纪80年代和90年代流行的永久开放式管理理论相对立。

一天中第一个2小时绝对是你的闭门时间。你应该提高注意力，不应分心，你也可以召开需要全神贯注的会议。

但第二个2小时里，你应该安排出开门时间。

专门安排灵活应变的时间似乎有些奇怪，但如果你发现自己步速很快，就可以看出你的计划的确有效。让人们知道他们什么时候可以进入你的办公室和你联系，比他们随时进来干扰你要好得多。

有些人把第三个2小时（或者说是午餐后的低迷时间）作为他们的开门时间。如果这种做法确实可行，那就继续这样做吧。不过，我要提醒你的是，如果你是刚开始做时间规划，你可能经常要为别人的需求做出回应。这样看来，第二个2小时可能更适用于处理这些别人的事。

与团队成员进行一对一的会面

如果你能定期与团队成员会面，一定会为你的工作带来积极影响。但如果你能安排出特定的会面时间，你其他工作被意外中断的可能性就越小。

不管是定期正式的还是自发非正式的培训，都适合在这段时间处理，因为这样你就更能集中精力解决他们的问题，满足他们的需求。

大多数人似乎都认为与团队成员定期会面的次数应当

适度。在我看来，这个次数取决于多方面因素，如团队成员的工作经验、他们的工作性质、管理者要求的输入水平及其管理的人员数量等。采用适合双方的工作节奏，试行90天后再回顾调整，不失为一个好方法。

更重要的是，无论你们决定采用什么样的会面频率，你都要始终如一，坚持下去。最糟糕的情况就是因其他优先事项推迟原定的会面。你是否能出席、是否能兑现承诺，就清楚地表明了你对团队成员的重视程度。

反过来，他们也会在恰当的时机尊重你的时间。

第一个2小时的延续

如果你经过第一个2小时仍能保持清醒、敏锐，并能继续执行高影响力的工作，那就请你不要匆忙按下暂停键，改变你要执行的任务。如果某件事需要你用更多时间去处理，请继续处理，把这4小时的时间全部留出来作为你最宝贵的工作时间。

请留意你是否在不知不觉中混合了第一个2小时和第二个2小时。如果你一直低头忙着处理重要的工作，很容易就会待在那里继续工作。

但至少请你在第一个2小时后先暂停一下，评估一下你现在的工作进度，看看他人是否需要你帮什么忙。如果没有，你可以回去接着做原来的事。

帮忙

有太多事是我们计划不了的。但如果你能留出一点儿空闲时间，你就可以去处理别人需要你帮助做的一些事了。

这些事可能是最近才出现或一夜之间突然出现的状况。这些事可能会直接影响你做一些高影响力的工作。例如，你要参加一场会议，或者到需要用到你的专业知识的地方帮忙，以推进项目。

也可能有人请你介入并接管一部分项目、制作PPT，或者撰写论文。如果你不能把它安排在接下来的2小时，你可以把这些事放在第二个2小时。

你也可以帮助别人克服障碍。人们遇到问题通常都需要有机会问问别人，接受一些指导才能继续推进下去。此时，为他人提供帮助就意味着促使项目以原有的势头继续推进。

这其实很简单。有时人们只需从你的身上激发他们自己的想法。有时你的队员或同事可能需要和你讨论某个观点、某个契机或其他问题，他们需要你提供一些看法。

快速浏览邮箱

如果你做对了，此时距你上次查看邮箱已经有2小时了。请快速浏览邮箱，看看有没有什么需要你及时关注的邮件或者考虑几分钟就可以快速回复的邮件。

但这时候可千万别钻进去出不来！现在还不是你陷进去回复邮件的时候。

见或不见

我提到的大多数任务都可以归类为会议类。第二个2小时通常被会议占满，此时你正关注着他人的需求。

但更重要的是你要了解你与谁会面，为什么会面，以及为什么在那个时候会面。

你应该明智地选择占用你的时间的人，显然这会对你一天的工作状态产生影响。

如果看到一封邀请函你就按下“接受”键，你的记事簿恐怕要被别人的事给填满了。

如果要改变这种习惯，你可以尝试以下方法：

- **画个边界线**。按照自身需要为自己留出一些空白时间。你要依照日程表的繁忙程度，规划未来几个礼拜的时间。有选择性、有纪律性地把这段时间分享给他人。
- **把 2 小时的会议时间划分为四小段 30 分钟的碎片时间**。凡事都有先来后到。你要在日程表上为他人留出些空闲时间。这样你就可以有机会向身边的人传递出关照的信号，而不是把 2 小时的时间完全聚焦于某个人、某个问题、某个场景当中。
- **设定边界**。请确定好有多长时间你可以接受会议。研究表明，25 分钟是最佳时长。我在《25 分钟会议》一书中深入探讨了这一问题。简言之，25 分钟时间比较短，能让人集中注意力。你也可以有 5 分钟休息时间整理思绪，准备下一场会议。但仍请你小心：如果你接下来的 2 小时也安排了会谈，那时你几乎不可能像现在一样持有可及性和自发性。

最重要的是，请明智一些，把时间花费在真正需要你关注的人和项目上。

最后 2 分钟

第二个2小时旨在让你保持对外联络，为他人提供支持。也就是说，你要帮助你的团队、同事们完成对他们来讲影响很大的任务。不要成为会议的奴隶！

你要让自己灵活一点，要能为自己和他人处理一些迫在眉睫、亟待处理的问题。但在你进入第三个2小时的任务之前，你必须留点时间休息一下，享用午餐。

第2章我们提到过：你吃的东西决定你的状态。你下午的工作效率直接取决于你午餐时吃的东西。不管你吃的是什么，你吃的食物都应该是在为你下午的工作做准备。

即时贴士

请确定好你每天或每周会接受多少会议，一旦达到该限制，请你考虑一下是否要把自己“预订出去”。

陷入“困境”

伊万有自己的办公室，可以掌控自己的办公日程。换言之，他可以很容易地安排开门待客和关门工作的时间。但他发现，即使他开着门，也没人进来找他。

起初，他利用这一点，把自己第一个2小时的任务延长到第二个2小时继续处理。但他开始感到自己与团队疏远了一些，导致他安排的会谈也有点儿尴尬。他认为其中定有原因。

他的团队内部组织结构高度等级化，这会让团队成员担心自己会“打扰”到上级。他的办公室也不是个可以放松的地方，办公室的布局非常正式，他的访客要坐在他那张大桌子的对面和他谈话。

所以他决定利用第二个2小时和团队进行密切沟通。

他的团队成员们起初有点吃惊，依旧避免和他说话。但当这些会面成为一种模式，逐渐开始有人随意地来找他谈话。他也发现自己的团队更加开放，他也可以充分利用他“在洞里”度过的时间。

如果有人需要私人谈话，他就会随时把人带进办公室。但大多数情况下，他每天都会花几小时的时间与团队成员一起度过。

试验五

确保你回应的是正确的事。

我们多久会用到“紧迫”这个字眼？我们经常会使用“很快”“一会儿”“周五以前”这样的字眼，但其实我们并未真正理解时间的含义。时间的概念因人而异，“我们有充足的时间”这句话对不同的人也有不同的意味。

人们设定的截止时间往往很随意。例如，明明第二天早上10点才能完成的任务，我们要设定为在“下班”之前做完。“下班”是一个心理概念，让人觉得这一天结束了，就像这一天完全终止了一样。

但你要知道，如果下午3点有人找到你，说“我需要你马上去做这件事”，你可能没有最佳的状态来完成这项工作。所以，一个更精准高效的处理方式可能是：先开个头做点什么，再在早上检查一下工作的完成情况。

在接下来的几周内，请你通过以下方式检测一下任务的“紧迫性”。

- 问清楚完成任务的特定时间。不要接受模棱两可的标准，“尽快”和“一会儿”这样的字眼毫无意义。

- 问清楚这项任务的相关背景，明确这项工作会有什么影响。你可以这样问：“有谁在等我处理完这件事”“我做的这件事会对他人的工作或者项目的整体推进有什么影响”。
- 如果他们说：“我需要你在今天下班之前完成这项工作。”你要回应一下，问一问：“如果我下班之前做不完，会怎么样？”你也可以问：“我明早10点再交给您行不行，会有什么影响？”

实践一刻

最大化你的第二个2小时。

- 让人们知道你何时有空、何时没空。
- 开放、灵活地安排你这段时间的工作，不要让太多定期召开的常规会议占用你这部分时间。
- 为别人创造出可以接触你的机会：
  - 如果你有办公室，请打开办公室的门。
  - 换个地方工作。（例如，你可以和团队成员一起出去工作或在共享空间工作。）
  - 利用即时通信工具和任何其他内部交流工具，保持沟通顺畅。
- 要清楚这段时间你要参加多少会议。
- 建立一些能支持到你的仪式感：
  - 休息一下，喝杯茶，标记第一个和第二个2小时之间的边界。
  - 在办公室漫步5分钟，让你的团队“看到”你有空。
  - 花点儿时间浏览一下邮箱。

读书笔记

第 6 章

第三个2小时——能动

不知你是否留意到自己很容易就浪费了午餐后的这段时间。但这仍旧是工作时间，不能蹉跎。如果你的工作单位不鼓励员工午睡，午餐后的时间应该用来处理低强度、低影响力的工作。

可能有人说这段时间最无关紧要，但我们依然要充分利用这段工作时间！

此时，人们往往会状态不佳、晕晕乎乎的。你可能花费了很多时间四处闲逛、写邮件、重复阅读同样的东西。浪费了很多时间，然后才意识到自己做了很多没有意义的事。因而我们必须明确这段时间最应该处理什么事。图6-1列出了一些最适合在这段时间处理的任务。

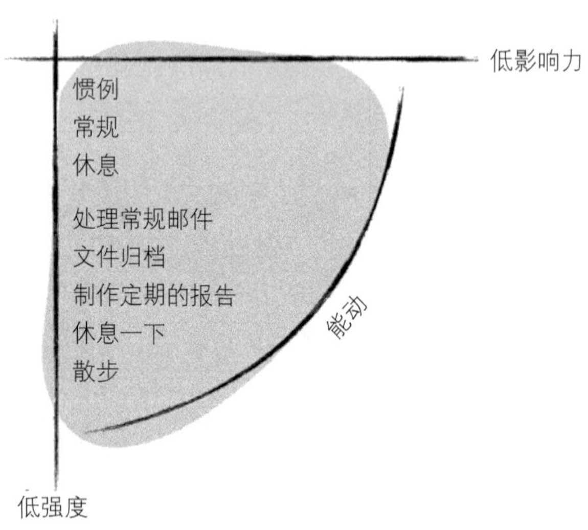

图 6-1　第三个 2 小时

我们应该有目的地最优化我们最宝贵的时间，我们也能够利用好这段价值感最低的时间。

利用好，不要失去它

此时正是你处理推迟很久的事情的好时机！我们不太能集中注意力，但是我们可以处理一些重复性的工作，如文件归档、筹划项目或任何你认为“无聊”的事情。这段时间是处理这类事务的最佳时机！

常规或世俗的事务并不等同于不重要的事务！

如果你不介意，我们可以把这段时间称为“安静的时间”或“停机时间”。让你的大脑休息一下，处理一些耗能较低、强度较低的低影响力工作，而不是越过这段时间去喝咖啡或含糖软饮料。

我们不要时间的摆布，要充分利用这段时间处理图6-2中列举出来的事务：

- **惯例**。做一些习惯性、有意义、有目的性的事情，如散步、和同事一起闲聊 10 分钟。
- **常规**。请安排一些“一如既往”的、重复性的、不需太多思考的工作，如定期例会或日常报告等。

- **休息**。给自己一点儿休息时间！要是能依照生物钟，花点时间休息一下就更好了，这样我们就可以为下午的工作做好准备。

图 6-2　第三个 2 小时的资源

没错，先等等

到了这个时间点，你的胃在消化午餐，你的身体自然需要休息。这个时候，短时间工作并不时休息一下会大有益处！

此时，我们的注意力、记忆力、逻辑推理能力都会有所下降，情绪也有些许低落。这可不是开会处理关键决策或解决问题的好时机！

但这段时间适合处理一些回复邮件这样的事情!

终于到了你处理邮件的好时候!

这个时候才查看邮箱似乎太迟了，但我希望你现在能明白其中的原因。

前文提到过，仅约10%的邮件需要仔细回复，那么此时你终于可以处理剩下的那90%不需太多脑力的邮件了。鉴于80%的邮件都只会浪费时间，此时处理邮件就没有多大坏处。

但我知道，即便我可以为你提供所有相关事实、数据和研究，你依旧有理由或借口不等午饭时间就开始回复邮件。

原因如下:

- **担心错过重要消息。**午餐以后才查看邮箱，未免有些太可怕了!“如果有什么重要的事亟待我的回复，可怎么办?”
- **“我的工作安排都取决于邮箱中的信息。”**如果收件箱的内容决定了你大部分的工作方向，若不及时查看邮箱，怎么能知道如何安排当天的工作呢?

上述两点是大多数人的真实写照。我们会担心错过重要的事，或者我们大部分的工作都来源于邮件的内容。关键在于你的收件箱与你桌面上的老式托盘的作用相同：为你提供工作相关信息。但我们需更加关注我们何时处理、回应并完成这项事务。

你将学会养成在午餐后处理大部分邮件的新习惯。

问题的关键在于，你会逐渐减少你发送和接收的邮件的总数量。最近的研究表明，邮件有害健康。英国的一项研究表明，积极使用邮箱的政府工作人员的心率和血压都相对较高。这并不是什么好事！

有两件事可以帮你减少你收到的邮件的总数量：

1. **少发送些邮件**。尝试使用其他通信方式，如电话、个人访谈或即时简讯。

2. **提高邮件质量**。有效利用主题行指示所需进行的工作，尽可能提供更多信息以减少邮件往来的数量。例如，与其说“我们什么时候能见面”，你可以说：“我们周四下午2点见一面，如何？或者周五4点呢？”

正如前文所述，这会改变你以往的行为模式或习惯。

人们很快就会了解你的回复方式。如果你习惯立即回复，人们就会对你抱有期待，希望你马上回复。那么，如果你在30分钟之内不回复，你就会收到另一封邮件或电话，因为他们想知道你为什么不回消息！

我是一名专业的培训师和辅导员，有时我可以连续讲课好几天，我去现场讲课的时候可能连续几天都不看邮件。多年来我一直这样工作，我的大多数客户也都知道并理解这一点。我已经有效"训练"了他们，让他们知道我会尽量回复。但他们也知道，如果是非常紧急的事，给我打电话或发短信就能更快得到回复。

Thrive Global的首席执行官阿里安娜·赫芬顿会删掉她在休假期间收到的任何消息，她也希望她的员工们能够做到这一点。她的团队通常会设置好自动回复，告诉发件人：

"谢谢您的来信。我将于8月27日继续办公。如有任何紧急情况，请发送邮件至［员工姓名+电子邮箱］。或请在我恢复办公以后再次给我发送邮件。该邮件将被删除。"

这方法多棒啊！让别人知道你不回复过期邮件，你就可以在假期好好放松一下了！

那么，你又是如何“训练”给你发邮件的人的?

幸运的是，你还可以重新“训练”那些人，让他们知道自己会在晚些时候收到你的回复。

请记住，如果你早上根本不看邮箱，请你先浏览一下邮箱，但先不要回复。利用邮箱中的消息评估一下你需要如何度过这一天。（第4章的内容也许可以帮到你。）

如果有什么惊天动地的、具有组织破坏性的、需要你迫切回复的事情，那么你稍微浏览一下邮箱也就能发现了。

但你需要先大体处理一下邮件，删除、取消订阅或文案归档。

这段时间，你可以：

- 查阅你订阅的时事简讯。
- 查看抄送邮件，把它们拖进“已完成”文件夹。
- 安排会议邀请。(确保你没有在第一个 2 小时安排影响较小的会议。)
- 回复那些无须深思熟虑的邮件。
- 阅读参考消息。

至于那些需深思熟虑再回复的邮件，可以放在当天最后2小时解决。第7章可以帮你解决这类问题。

邮件可能是你要在第三个 2 小时内处理的头等大事，但这绝不是唯一一件事。

重复

其他一些日常和重复的工作放在这个时间处理，其实是非常愉快的一件事。

与其费力去做一些你做不来的事情，如写报告或编辑文档，不如去做一些熟悉的事情提高自己的幸福感、自信心和动力。

学习和培训

研究表明，如果你要学习新东西，下午学习更好，知识留存率更高。

所以现在正是你抓住你读的那本书或文章的要旨、划重点、记笔记的好时机。或者你也可以考虑教其他人做一些重复性的或例行的工作，如学习最新的软件程序或把文件上传到企业内部网上等类似的工作。

但若要做PPT，请一定谨慎一些。同时，温暖又昏暗的小房间无论何时都是小睡的好地方。

存档和细化文档

有研究表明，虽然人们在午后会有嗜睡的感觉，但此时运动技能更好，所以如果你有需要体力的工作任务，不如放在这个时候做，如把大堆的期刊或读物清理出去，或者整理文件盒进行存档。

自动操作

早上要思考，下午要做事。

早上是战略性的，下午是操作性的。

操作性任务，如练习一项技能或处理一些不需要脑力的工作，放在这段时间处理也比较合适。

你可能在第一个2小时思考了一下，计划要做一个PPT，然后在第二个2小时与你的团队进行了相关调查。那么现在，到了第三个2小时，你应该把所有内容整合到一起，调整到相同格式。复制粘贴整篇文档的图片和文字本

质上就是一个重复性的工作。

事实上，我发现做PPT的这个过程非常有趣！这段时间我可以浏览图片、排列布局，并充分发挥我的创造力。

创建列表

到了这个时候，我们的短期记忆功能陷入最低谷，列出你需要做的事会有些帮助。如果每天都有大量的常规性工作要在这个时间段处理，你就可以创建一个清单列出每天要做的事，这样你就不用再去想你要做些什么。或者你也可以在享用午餐时列出午餐后要做的事。

阿图尔·加万德在他的《清单宣言》（*The Checklist Manifesto*）一书中列举了在开飞机和管理医院等不同场景中可以拯救生命的事项清单。我们的日常工作也许不需要我们去拯救生命，但是这些清单在以下几个方面会非常有帮助：

- **完成基本工作。**清单可帮助我们确保我们完成了最低限度的工作。也可以帮我们在一个充满分心事物和“闪亮的新鲜事物”的世界里把持住自己、保持专注。
- **释放大脑空间。**这些清单与其说是限制你，不如说是解放你，毕竟你不必每次都要想着要做哪些常规事项。

- **建立自律**。清单似乎可以刺激人们把任务完成。你每完成一项任务都会刺激你的多巴胺。
- **预防错误发生**。整理清单看似浪费时间，但这能帮我们顺利完成任务，不用再多做多少遍。

创建列表（如第7章所示）是第四个2小时要完成的一项伟大的任务，但第三个2小时恰巧是执行列表当中任务的最佳时机。

休息一下

这个时间段内最大的问题就是你刚吃完午饭，你的身体在消化食物，你自然会感到能量有些衰退。也正因如此，我们该站起来走动走动了。

然而，我们通常会拒绝休息。这主要是因为总有些领导坚持认为只要稍事休息就可以正常开始工作，他们把这段精力衰退的时间视为纯粹的懒惰。还有人把睡眠很少视为荣誉勋章，好像我们这些安静时刻等同于效率低下。他们大错特错！

跳过休息时间以提高工作效率其实是一种虚假繁荣。

《斯堪的纳维亚医学科学杂志》（*Scandinavian Journal of Medicine and Science*）上的一项研究表明，有人喜欢在午餐后散步30分钟，每周散步三次，这些人的状态不会那么紧张，反而会更有热情、更放松。

他们还报告说，他们在散步的那几天比没有散步的那几天可以更好地处理工作。

连续工作几小时还不休息，很可能会降低我们的工作效率。如果我们能散步30分钟或者等我们恢复状态再继续工作，我们就会惊叹于我们的视力有多么清晰。

你是不是该在午睡前喝点咖啡

在第1章中，我们谈到了我在Facebook开展的民意调查，向参与者询问了他们当天最富有成效的时间。在调查中我最喜欢的一个帖子是这样说的："（我最富有成效的时间是）凌晨4点到6点，下午是打盹的时间。"

这件事看起来可能很好笑。但我在中国工作的那几年里，我们有一个神圣不可更改的习惯：你每天必须要放下手上的工作去吃午饭，吃完午餐后睡上一觉。你会经常看到有人趴在桌子上小睡30分钟。

你能想象你的单位也会这样吗？如果你趴在桌子上睡觉，你的老板和同事会怎么说？遗憾的是，这种行为在西方世界的大部分地区都不受欢迎，而且午睡的人会被认为是懒人（除非你为谷歌工作，因为谷歌有睡眠舱可以用于小睡）。这不是什么好事，因为研究表明午睡真的可以提高效率。

《增进睡眠质量的十二个办法》（*Why We Sleep*）一书的作者、神经科学家马修·沃克解释说，因为我们每天都要忙着处理工作任务，还要往返通勤，我们似乎得了“全球失眠流行病”。

糟糕的是，我们倾向于借助咖啡撑起接下来的工作。一项研究显示，休息10~30分钟的效果要比喝咖啡或软饮料的效果要好。但如果小睡超过30分钟，睡醒以后可能会更昏昏欲睡；如果睡得再久一点儿，你当天晚上的睡眠可能就要受到影响。

在《时机管理：完美时机的隐秘模式》（*When*）一书中，丹尼尔·平克建议大家喝杯“小睡奇诺”。也就是说，你要在下午1点到3点之间小睡20分钟之前先喝杯咖啡。这样算是一举两得。因为20分钟的时间足以让你消化咖啡因，使其生效。有了咖啡因的额外支持，你的午睡会

感觉很爽。你在最后2小时的工作状态就会像涡轮增压，异常高效！

最后 2 分钟

本书的基本前提是你要遵循，不要背道而驰。如果身体需要休息，那就休息一下。如果头脑不想努力思考，那就做点低强度的工作。如果它需要活动，那就去散散步。第三个2小时完美演绎了这个前提。

如果能在此时完成一些更平常的任务，你就可以在当天结束前处理一些更重要的事了。

如果你此时抽出一点儿时间让大脑从上午忙碌的状态中恢复过来，你就能更好地利用第四个2小时。

请利用第三个2小时为下午剩余时间的高效工作做好准备，因为第四个2小时是大多数人一天之中的第二个高峰时段。

让我们一起来看看。

即时贴士

不管什么时间段你都能感到精力充沛、头脑敏锐？那就充分利用这一优势，继续执行第四个2小时应处理的任务。

没有低微的工作

我的朋友马霍芭告诉我，她会等到第三个2小时去进行扫描和粉碎合同的工作。

在她养成这个习惯之前，她发现文件堆只会越来越高，因为：①这是一项低优先级的工作，没有人愿意做；②没有人真正把它视为自己的工作。更要命的是，不时会有人需要引用某个文件，但如果不挨个查看这些文件，几乎不可能找到他们想要的某个合同。

马霍芭把这当作自己在午餐后无所事事的一个小时内保持高效的一个契机。

这是个重复性的工作，不需要什么认知活动；这也是个体力活，要不时站起来，往返于扫描机和粉碎机之间。

她把午餐后的一小时安排到扫描和粉碎合同的工作上，并很享受随之而来的成就感。她发现这更像一种冥想或休息（简直就像站着小睡一样）。这种体力运动又能让她在接下来的时间里保持警觉、准备好接受下午更高强度的任务。

这个故事当中我最欣赏的一点就是这看起来是个不起眼的工作，没有报酬，却有利于提高整个团队的工作效率。她后来告诉我，她这样做了大约一个星期以后，有几个同事也加入了这项工作。这就成了午餐后的“仪式”，他们每天都要在那里扫描和粉碎文件，顺便聊上30分钟。

试验六

如果减少20%的邮件，你可以节省多少时间？

根据表6-1，参照我的客户所述的他们每天发送和接收的邮件的平均数量，减少20%的邮件相当于节省了28天的高效工作时间。

表 6-1　计算你节省的时间

邮件收发情况	举例	你自己的情况
每天接收的邮件数量	80 封 / 天	
乘以每年 240 个工作日（调整：加 / 减）	240 天	
每年接收的邮件数量（用 A 表示）	19 200 封	
每天发送的邮件数量	60 封 / 天	
乘以每年 240 个工作日（调整：加 / 减）	240 天	
每年发送的邮件数量（用 B 表示）	14 400 封	
A+B	33 600 封	
乘以邮件处理时间 2 分钟 / 封	67 200 分钟	
除以 60 分钟转化为小时	1 120 小时	
除以 8 小时转化为工作天数（用 C 表示）	140 天	
C 乘以 20%（减少 20% 邮件节省下来的工作时间）	28 天	

那可是整整一个月！如果你一年有一个月的额外时间，你会做什么？

减少的邮件请按百分比计算，10%~50%皆可。请用数学的方法来思考你剩下来的时间。

最优化你的第三个2小时。

- 充分利用这段时间赶上大部队。
- 处理单调的工作时要使用计时器，在短时间内爆发式地完成这类工作。
- 开发有激励性的活动。如果你要处理一个特别单调或无聊的任务，你可以在最后放纵一下自己，快速浏览一下社交媒体、吃点（健康）零食，或与朋友或同事聊聊天。
- 计划一下你在这段时间以及第一个 2 小时中要做的事。不要直到最后才意识到自己浪费了这 2 小时。
- 如果你要安排一些定期或例行会议，这个时候开始刚刚好。
- 建立一些能支持到你的仪式感：
  — 爬楼梯。来回上下楼梯可以促进你的血液流动，提高体温。如果你不能爬楼梯，那就去散散步吧。
  — 吃点水合物。喝一大杯水，至少要喝500毫升水。
  — 吃合适的零食。要吃水果或坚果，别吃含糖或高碳水化合物的食物。

读书笔记

第 7 章

第四个2小时——预应

这一天终于要结束了！

但这又通常是人们最头疼的时候，因为往往这时他们才意识到自己一整天都在回复邮件，还没做什么有价值的工作。

但如果你依照我们前面提到的规则安排工作，你就会发现在这最后1/4的时间里（见图7-1），你只需整理一下今天的内容、准备一下明天的内容就好了。如此看来，最后2小时和第一个2小时同样重要。

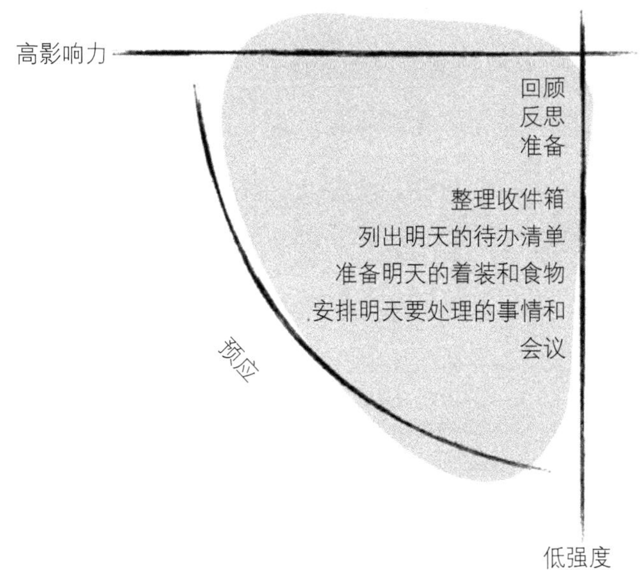

图 7-1　第四个 2 小时

这时候你可以回顾一下今天的工作，安排第二天的工作日程。

第二阵旋风

这个时候的我们要积极预应，也就是要计划，而非执行。此时做计划，可以减轻第二天的决策负担，进而减轻第二天第一个2小时的工作负担。

尽管每个人的生物钟有所不同，但人们往往会在第四个2小时感到精力和敏锐度都有所回升。这种感受通常被称为“第二阵旋风”，幸运的话，这一天就可以完美收官！

匹兹堡大学西方精神病学研究所和诊所的蒂莫西·蒙克副教授在接受《芝加哥论坛报》（*Chicago Tribune*）采访时表示，这段时间最适合完成当天一些比较重要的工作，如起草重要的邮件、做支出报表、安排第二天的日程等。他还说，这是因为此时我们的长期记忆达到顶峰，是做调查或准备PPT相关材料的好时候。

所以，如图7-2所示，这段时间重点是要进行：

- **回顾**。我今天做了什么，没做什么？今天下班前我还需要做些什么？哪些工作要放到明天做？放在什么时间最合适？
- **反思**。今天我的工作效率怎么样？我是否充分利用了自己最宝贵的时间？
- **准备**。我该做些什么准备才能让明天也能完美收官？

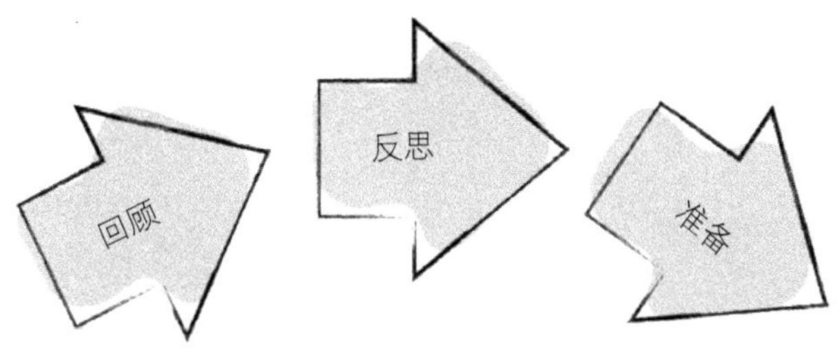

图 7-2　第四个 2 小时的资源

接受现状，继续推进

我的一位朋友所在的工作单位里大多都是工程师。她说这些工程师终其一生都在钻研什么东西坏了，怎样才能修好。这个单位就此形成了一种文化，鲜有认可和赞美，批评和挑错成了常态。

这个单位的人可能都没有意识到：这种挑剔或“错了

一点儿”的处事方法，只会营造出一种恐惧感。人们感到恐惧的时候，皮质醇水平就会上升，从而产生“压力”激素。如果人们感受到威胁，如开会时有人批评他们的工作或要求他们证实自己行为和立场的合理性，会有更多皮质醇释放到人体中，让他们感到压力巨大、大脑晕晕沉沉的，甚至健忘。

因而你可以想到，这对整个团队的工作效率会有什么影响！

同样的道理也适用于此。

许多人下班时可能都会自责于没能完成所有的工作。把这种压力带回家、带到床上，无疑会干扰睡眠质量。

那么让我们一起看一下，找个更好的处理方法。

我们可以参考一下我同事罗素的工作手册。他总是会记录那些他引以为傲的事或别人发给他的赞美之词。他把这些都保存下来，在每次心情低落、怀疑人生的时候看看人们对他的正面评价，以及他做过的那些高影响力的项目，为自己的工作增添动力。

罗素可能没有意识到，他其实是在为自己的神经垂体

提供催产素！催产素会让人感觉良好，有助于降低血压和焦虑感，刺激人们积极参加社交活动。

如何形容这种感受呢？如果你已为人父母，这感觉就像你第一眼看到自己的孩子那样激动。如果你还没有孩子，这种感觉就像你在社交媒体上看小猫小狗的视频时那样的开心。

你无须做工作手册。

只是采用一种更有价值的工作方式就会增加我们的幸福感，也会让我们感觉更积极、更有动力。

我们可以停下来问问自己：今天做的哪件事让我们感到骄傲。这样也可以催生催产素。

因此，在第四个2小时你要回顾一下自己做了什么，认可自己的成绩及其相应的影响（并在恰当的时机赞美整个团队取得的成就）。

显然，即便你没能达成心中所愿，也要承认事实，并合理安排第二天的工作。

请自问一下：

- 这个截止日期现实吗?
- 是否有一些意料之外的事情干扰了我完成这项工作?
- 明天我怎么安排才更有可能完成手上的工作?

其实你最不该做的就是因此而倍感有压力，或者想要熬夜完成所有工作。否则你一整晚都会忧心忡忡，第二天早上起来就已精疲力竭，自然不能在第二天第一个2小时有最佳表现。

你的电影你做主

如果事情没有按计划进行，我喜欢“自主修订”。例如，如果有会议没有按照我所期望的有所进展，或者工作坊有好几个地方都没有处理好，再或者不如我期望的那般高效，我都会再自行修订一番。

这实际上是许多运动员、表演者、音乐家，以及任何想要获得最佳表现的人采用的一种高性能的策略。

要进行自我修订，请完成以下步骤:

1．花点时间在脑海中回忆一遍今天发生的事，就像过电影一样，如果有你认为可改进之处，请按下暂停键、标

记一下。（就像贴便利贴或书签一样，在脑海中标记这几幕场景。）

2．继续回忆当天发生的事，根据需要做出适时暂停和标记，直到回顾完当天做完的所有事情。

3．重新过一遍，在每个有标记的地方都停留一下。想象问题已经得到解决，就像一切都可以按计划进行，再重新过一遍那个片段。更改一下脚本，更改为你希望你说了什么，他们会说什么，你会怎样处理，他们又会怎样做，是不是和现在都有所不同。把每个标记片段里的废话都剪辑出去。

4．放第三遍，把修订过的片段流畅地展示一遍。你已完整地修订过之前出现的差错或失误了。

5．如有必要，再过一遍电影，把这些场景固定在大脑中。

这样做背后的理论是：头脑和身体对实际经历的反应与对想象事件的反应相同。这就是为什么你一想到自己喜欢的人就和见到他们本人一样开心。这种技术会重构你的大脑，让你的大脑有不同的记忆，让你有机会用不同的方式处理将来会面对的事情。

整理零散的工作

当你审查、反思并确认你当天所做的事情时，你会发现在你收拾东西回家之前还有一些零散的工作需要处理一下。

你要依照自己的时间筛选这些工作。你需要花几分钟发送邮件、打电话或检查文件内容?

这些事情应该会对你的工作产生重要影响，但这项工作本身并没有多大强度，不需要你多少脑力。下午4点不适合开启主要项目!

如果这件事需要更长的时间或需要消耗更多的注意力和精力来处理，那么还是请你尽可能第二天早上再处理它。

你一不留神也许会在最后时刻还要回复别人的请求，好像你必须马上就做这件事一样！其实并非如此。如果你的建议对他们来讲很重要，你可以去主动提供建议。否则，与其说“我马上开始，今晚做好发给你”，你不如回应对方“我明天上午给你答复”。

有很多事情应该等到第二天早上处理。不管怎么说，

下午5点30分发出的邮件通常要等到第二天早上才会被对方看到。如果某封邮件很重要并且利害攸关，请将其保存为草稿，第二天早上通读一遍，在你的头脑更活跃、有更多选择时再发送过去。

一位同事告诉我，他们晚上写的邮件第二天才发出去，这样对方就不用在夜间回复（毕竟人到了晚上就没有了最佳的认知能力），同时也限制了第二天一大早涌现的邮件数量。

你也可以设立起边界，让对方知道你不是个夜猫子，不会什么事儿都可以处理！

你也可以采取一些适合最后时刻采取的行动。

浏览事项清单和邮箱，以防紧急情况

如果你这样操作了几个星期，你每天收到的邮件总数应该不会太多，那么你就可以在回家之前把未读邮件数量清零，这样你就不用再担心还有没做完的工作，也就不会烦躁不安、睡眠质量差。

但你可以在下班前快速浏览一下邮箱。

请按照以下步骤确定你是应该立即处理，还是晚些时候再处理这些邮件：

1．如果邮件不需要操作，请删除邮件或将其拖到“已完成”文件夹中。

2．如果几分钟内你就可以做出简单回复，那就马上回复吧，然后删除邮件或把它拖拽到“已完成”文件夹中。

3．如果需要仔细考虑一下才能回复，请在第二天的第一个2小时再回复。某些邮件可能会要求你把邮件转化为任务，那就请把邮件内容列入待办清单，把邮件移出收件箱。

准备好明日待办清单

检查一下今天未完成的事，放在你第二天合适的时间区处理。不是所有事都是头等大事。但请记住，不必刻板地依照此框架处理工作。关键在于依照自然节奏行事，而非背道而驰。你不应默认做事的优先顺序，而要注意把最重要的工作放在最高效的时间去做。

- 把高强度、高影响力的事情放在第一个 2 小时处理。
- 把补时工作、工作会议、答复请求等事情放在第二个 2 小时处理。

- 任何重复、常规并无高强度的事情都要放在第三个2小时处理。
- 后续行动、计划会议和审查文件这样的工作放在下午比较好，所以请把这些事情放在第四个2小时处理。

收官

下午要做的最后一件事就是重复检查第二天要做什么事。这样，如果我忘记准备某些东西或需要随身携带某些东西，我可以马上去准备或决定一下能否早上再准备。如果我能因此有收官或完成的快感，我就会坚定不移去这样做。

我不想因为担心自己会忘记约会、会议或要准备什么东西，半夜在睡梦中惊醒。

如果你能完美收官，感到一切可控，你就会享受下班时间，睡眠质量也会更好。

为明天做好今天的事儿

今天做好一些细小、低影响力的决策可以为明天的工作减轻负担。

- 决定我将在何处、如何进行讨论。例如，我们边散步边讨论，下楼去咖啡厅讨论，还是在谁的工位讨论?
- 留出明天的午休时间。
- 如果我明天没空，我会提前设置好邮箱自动回复的消息。
- 如果我不在，也想让人知道我不在，我会在语音信箱里留言。
- 打包好第二天可能需要的东西。例如，如果我要做一个展示，我要确保已经带好了电脑线、翻页笔等设备。万事俱备，随时出发。
- 打印好我第二天可能需要的讲义和文件。
- 如果明天与以往不同，要确定:

  — 早上什么时候出发?

  — 第二天怎么上班?

  — 搭乘哪班火车/电车，如果开车要走哪个路线?

在你晚上下班前就决定好所有这些事情，让自己不用再担心自己“有事要做”而在午夜梦中惊醒！这样你也不用在早上做这些零碎事务的决定，否则你的效率和精神状态都会受到影响。

都忘了吧，好好睡一觉

做拼图游戏时，我常常会卡在某个点上，一整晚都没什么进展，就像在垂死挣扎。但等到第二天早上我坐下来再看看，就会发现旁边那块拼图就是出口，甚至有时候难住我的那块拼图旁边就有出口。

写这本书的时候我也会遇到这样的情况。我每天都会设定目标，尽管我通常都是在一天当中的最后2小时才写。每次我发现哪块不好写，第二天早上再写就会很容易。

如此看来，如果我们把这一天的结束视为完成工作的时间，这该是多么可笑。

我们常常认为我们要当天完成所有工作，但其实如果你能睡个好觉、换换脑子，第二天才是收官的最佳时间。

“先放一放。”这个说法可以追溯到16世纪亨利八世的政府文件中的一段话，上面记载道:“国王陛下说他会好好睡一觉再处理这件事。”

如果你遇到什么问题或麻烦，不如先睡个好觉，让你的潜意识也参与到处理这个问题的过程中来。

苏珊·库钦斯卡斯是WebMD的撰稿人。她表示，睡眠过程中的快速眼动可以帮助我们重新组织和链接我们积累到的信息。

这就像你与同事的沟通陷入僵局。人脑的海马体在晚上停止运转，白天获取的信息被移存到新皮层，大脑得以有空处理其他信息。可能在某一时刻你头脑中的信息建立起了“桥梁”，问题的答案也就浮出水面。

如果新皮层能有机会整合新信息，与以往的记忆或想法建立联系，便可以激发起创意的火花。

我一直在利用这一点：睡前在笔记本上写下一个问题，然后看自己在第二天早上醒来时在想什么。

最重要的是，你会更清楚地了解这个问题，也因此会想到解决办法。

所以，与其在下班前的最后时刻怒气冲冲地发邮件，不如停下来思考一下。这个时候发邮件没什么用，因为对方肯定要早上才查看邮件。

如何安排周五

我的客户罗宾的日程表上总会空出周五下午3点到8点的这段时间。这样做是有原因的：

- 可以防止别人占用这段时间，自己控制要做什么、和谁一起，以及如何利用这段时间。
- 这时候她可以反思自己这一周做了什么，评估一下自己的工作效率和业绩。
- 她正期待着接下来的一周，决定着下周要做出什么关键成果。
- 她可以完成一些小任务，使自己接下来一周的工作能够更顺畅。

从罗宾的工作手册上取下一页，你可以：

- **在周五下午计划接下来一周的工作。**或者，你也可以在周日晚上做计划。无论怎样，不要等到周一早上再做决定。那时你很有可能会被最新、最紧急的事情分心。
- **识别最重要的三项工作。**在这一周中，哪三件事能让你投入的时间和精力获取最大回报？请尽早安排这些工作，尽量放在每天的第一个 2 小时处理这些工作。

- **预估这些事要花费的时间**。不要陷入丹尼尔·卡尼曼和阿莫斯·特沃斯基所描述的“规划谬误”的陷阱。他们表示，当人们预想完成任务所需的时间时，会有些夸大其词。但糟糕的是，如果你留出90分钟处理只需40分钟就可以完成的事，你可能就浪费了你最宝贵的一部分时间。
- **安排好重要的事**。日程表中不要留白，不要总想着“那时我可以读书”。如果对你来讲读书和做任务一样重要，请单独留出“读书”的时间。（在工作日的第三个2小时中也应当如此安排时间。）

妥善处理星期五的工作，为接下来的一周做好准备。

最后2分钟

第四个2小时是要在晚上收官之前最优化你工作状态的“第二阵旋风”。

这样做的成效会在第二天的第一个2小时里有所显现。更重要的是，你可以轻轻松松地下班回家，与家人和朋友共度美好时光。这些都会为你第二天的工作提供充足动力。

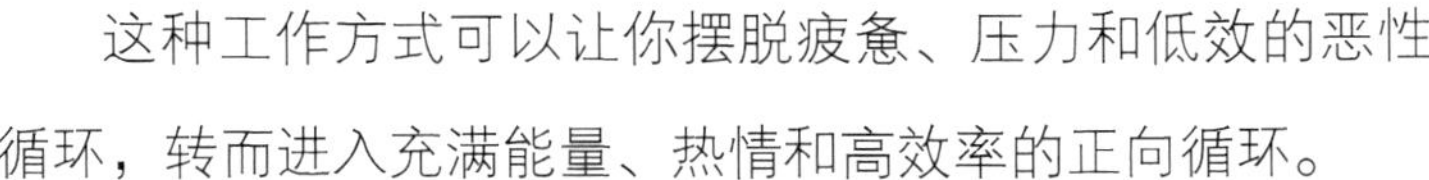

这种工作方式可以让你摆脱疲惫、压力和低效的恶性循环，转而进入充满能量、热情和高效率的正向循环。

可能需要几周时间才能让你感到这种做法的成效。但请相信，如果你采取这种工作方式，你就能更好地掌控自己的生活。

即时贴士

请允许自己尝试新事物，即使你会感到不安。你尝试的东西越多，就越有可能找到适合你的东西。

为成功做好准备

我的朋友罗西总在睡前决定她第二天穿什么、吃什么，否则她就睡不着。

她会选择合适的服装，包括合适的鞋和合适的包，把衣服挂在衣柜里靠近她换衣服的地方。

她也会准备好午餐，放在冰箱里，带上餐盒去上班。

罗西声称这是她能够提高工作效率的秘诀。

我的另一位朋友艾瑞斯进行了衣柜升级。她会查看天气预报，提前为接下来一周的穿着做计划。她有时也会改变想法，不按计划打扮自己，但这种情况很少见，而且这些临时想法也不会给她带来什么负担。此外，她总会准备一个后备方案。

我的朋友杰里米经常在周日下午计划接下来一周的晚餐。他有两个十几岁的孩子，他喜欢把一切事情都安排妥当，这样就可以很快回家，也很容易让孩子们做好准备。

这些人都说，这些小习惯会帮他们调整好整周的心理状态和工作效率。

试验七

请考虑一下明天和未来一周你需要做的事情，包括那些会议和你要为会议做的准备。

请根据一天中的最佳时间段，将这些事项放入图7-3所示的模板中。你也可以访问www.thefirst2hours.com.au下载模板。

现在请在日程表中规划出相应的工作时间吧！

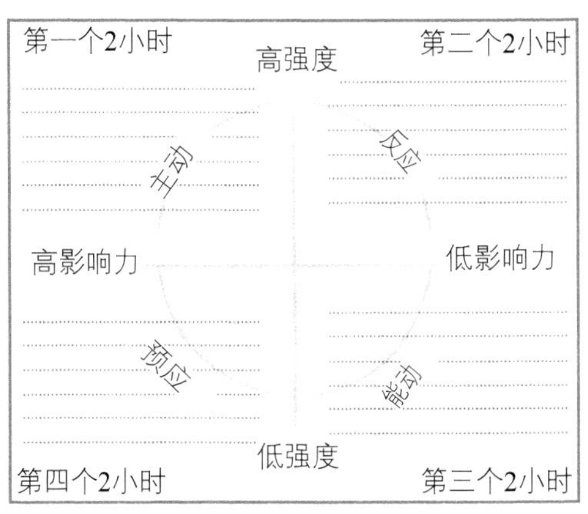

图 7-3　日程表

最优化你的第四个2小时。

- “勾掉”你所取得的成就，享受多巴胺激增的这一刻！
- 尽可能多地安排好第二天的例行决定。
- 在下班回家前简单休息一下。
- 草拟重要事项清单，包括PPT和邮件，以便在早上进行审核。
- 建立一些能支持到你的仪式感：
  - —遵照原有的日程安排。
  - —记录收件箱中的邮件数量，留下个人最佳纪录（到底回复得有多么少）。
  - —拍拍自己的肩膀，给自己鼓鼓劲儿。

读书笔记

后记

设置你的2小时时钟

我经常去澳大利亚昆士兰州的一些世界级的海滩度假。尽管我常年在海浪间游泳，但我依然会折服于海浪翻涌的节奏和大小。我以为我已经成功地冲浪过去，却又有另一个海浪袭来。过一阵子，海浪又显得有点乏力。因而我又必须保持高度警惕，以免被海浪淹没！

我总是很钦佩冲浪者，他们往往会忽略休息时间，挑选着哪种海浪会给他们带来最佳的冲浪效果。他们总是坐在自己的冲浪板上，看起来很放松。

我们可能会以为：只有无休止地谈判，才能让我们头脑清醒。我们应该向冲浪者学习，在正确的时间选择合适的海浪发挥出最佳表现。

既然你已经了解了自己的工作安排，不再任由别人摆布，就请马上采取行动！

停止高压、疲倦和效率停滞的恶性循环，按照自然节奏和工作要求开展工作。

请使用图C中的模板，或从www.thefirst2hours.com.au下载合适的时间表，在恰当的时间做正确的事。

请把时钟贴在桌子上，据此安排全天的工作，调整自己的工作状态，不给自己留遗憾。

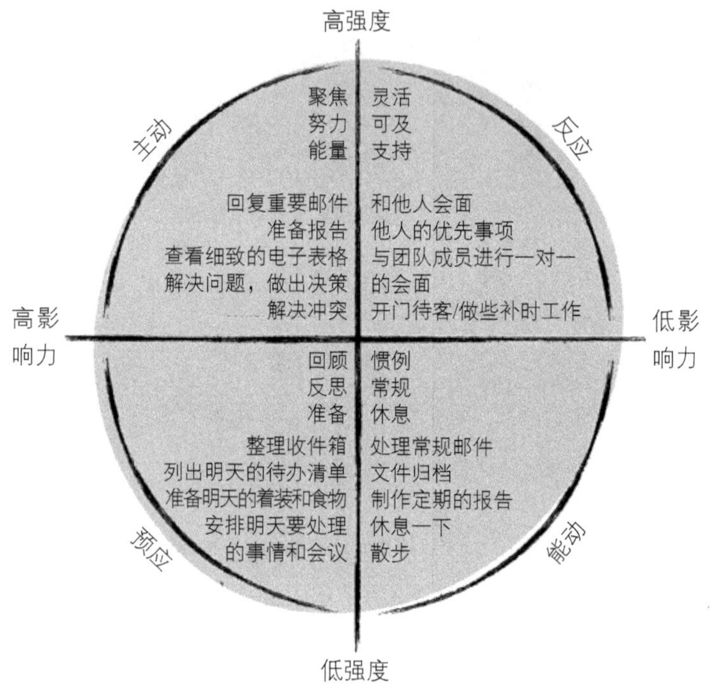

图 C　你的第一个 2 小时时刻表

关于作者

唐娜·麦吉奥，可以让你的工作更高效。

当下人们的工作时间都有些过长。唐娜热衷于提高工作效率，帮助人们有效、高效、愉悦地开展工作。

唐娜致力于为企业提供实用技能、培训、研讨会和相关便利，帮助他们妥善管理员工，达成出色业绩。她与澳洲和亚太地区诸多企业的经理和领导们已有20多年的合作。这些企业中不乏一些知名企业，如日产汽车公司、捷星航空、澳洲私人医疗保险公司和福特汽车公司等。

唐娜喜欢收藏各类黑胶唱片。而她本人的简历也与她收藏的那些黑胶唱片一样内容丰富。她曾在澳洲电信、澳洲航空公司、安永会计师事务所和澳洲安捷航空公司任职。此外，她还曾担任英国基斯·普洛斯剧院、体育和音乐盛事等巡回演出的经理，以及福特汽车公司在中国上海的亚太组织发展部经理。

唐娜也乐于与人分享知识，曾为*The Age*、*Smart Company*、*B & T*、*HRM* 等诸多出版物撰写文章。2018年，她在John Wiley & Sons公司出版了她的第一本书《25分钟会议》。本书是她正式出版的第二本书。

她的办公地点在维多利亚州希思科特，占地约8万平方米。该地区以其世界顶级的西拉子葡萄酒闻名。每当她与丈夫史蒂夫、狗普律当丝在一起，在阳台上喝着茶，凝视着连绵起伏的山丘，她的脑海中便能迸发出创意和灵感。

唐娜认为工作场所很复杂，但想步入正轨并不难。掌控工作和生活的能力会让人们把事情处理得当，进而使简单的事发挥最大的作用。

她也知道，目的驱动者所能达到的目标往往会令人惊讶不已。你不妨阅读此书，来一辨真伪。

致 谢

2018年，我出版了第一本还算“不错”的书——《25分钟会议》。其实对我来讲，写书比登天还难。如果没有我的团队，我绝对写不出来。但你肯定想不到，2019年，我就出版了第二本书。这是我们团队集体智慧和共同努力得出的又一个结晶。

感谢在John Wiley & Sons公司工作的朋友露茜，感谢她在还没有看到我第一本书的销量时，就有信心做第二本书。感谢英格丽德以极大的耐心和包容心为我答疑解惑。感谢彼得和他的营销团队把我写的书送进书店，让这本书充分发挥它应有的作用。

感谢凯莉·欧文！这真是一位传奇人物。是你为我揭开了书籍创作的神秘面纱，帮我厘清其中的关键步骤，让我能更好地把控我的写书过程，让我的创作过程更加轻松和顺畅。书越写越厚，我们的关系也越来越近。和你一起工作就像和朋友一起出去玩一样，十分轻松愉快。

感谢我的智囊团，感谢我们每次一起出去玩时都能激发出创意的火花。无论我有什么要求，我只管张口，你们总会支持我。感谢玛丽·伯吉斯、特雷西·埃扎德、林恩·卡扎利和黛布·达尔齐尔，我何其有幸，有你们一路相伴。

感谢安妮·玛丽约翰逊，我们已经认识很久了。每次我把手稿放到你手上，我就知道，你肯定会给我一些直接、中肯的反馈意见。我非常欣赏你专业的女王英语，也十分感谢你在书店重新摆放书籍，把我的书放在前台和中心位置。

感谢亚历山德拉·马丁代尔。写这本书对我的工作造成的不利影响让我有些始料未及。感谢你在我工作期间，甚至“误入歧途”、落入窠臼时的耐心陪伴。感谢我能有你这样的朋友！

感谢艾玛·麦吉奥！当我努力为人们（特别是你）创造一个更好的工作环境时，你一直是我写作灵感的源泉。女儿，我爱你！

最后，如果没有我先生史蒂夫的爱心支持，我就无法在职业生涯或个人生活中取得今天这样的成就。在我写书期间，你一如既往为我准备茶水，在我不经意时为我带零食。我一直很幸运。谢谢你，亲爱的！